はじめての法人税

税理士 **浅見 透** 著

日本法令

はしがき

本書は、次の3つの思いを込めて書きました。

1. 法人税実務の基本知識をはじめて学ぶ人にもわかりやすく伝えたい

平成17年4月に、私は、母校の明治大学が開設した会計大学院の講師に就任し、法人税の講義である税務会計制度を担当しました。学生のほとんどは、簿記や会計の知識はあっても、税法は未学習者でした。しかし、法人税申告書の作成ができるくらいの知識が身につく講義にしたいと思い、税法の基礎の基礎から法人税申告書の作成までの内容の講義用のレジュメを作成することにしました。講義を進めるのと同時進行で、学生の感想や意見を聞きながら最初のレジュメを作りました。レジュメの作成は、連日夜中までかかり本当に大変だったのですが、「税務の知識が身についてうれしい」と生徒が励ましてくれたので、最後まで完成することができました。

その後も、明治大学の会計大学院と経営学部において法人税その他の税務の講義を担当しています。この大学院のレジュメをもとにして、実務ですぐに役立つ法人税の知識を、はじめて学ぶ人にも理解してもらいたいという思いで書きました。

2. 条文を読むことの大切さと実務経験による知恵を伝えたい

平成4年に浅見会計事務所を開業し、30年を超えました。税理士業務にとって一番大切なことは、常に税法の条文を読み、その条文の制定された時代背景や趣旨を理解し、そして、その条文をどの納税者のどの取引に対してどのように適用すると最も有効か、を判断する力だと考えています。法人税の申告調整の方法を覚えるだけではなく、根拠条文を読み、その趣旨を理解することが重要です。条文を理解することで、改正にも柔軟に対応できますし、改正の理由や目的もわかる

ようになります。

　本書は、法人税法（以下、「法法」という）第１編総則の法法１から法法20までの条文と、第２編内国法人の法人税の法法21、法法22および法法22の２の条文とその内容、趣旨を解説しています。そして、それらの条文が、実務でどのように適用され、どのような税務効果を生じさせるのかを解説しています。適用する条文により、法人税額は変わってきます。法人にとって、法人税額は、資金繰りや設備投資にも影響を与える重要なものです。本書は、学問としての法人税ではなく、開業税理士としての体験や実務経験からの具体的な事例を示し、実務に役立つ法人税をわかりやすく伝えたいという思いで書きました。

3. 収益認識の新基準と法人税の改正内容を理解してもらいたい

　世界中の企業の収入金額の認識基準を統一化し、国際間での比較を容易にするための会計上の要請から、国際会計基準審議会は、米国財務会計基準審議会と共同して「顧客との契約から生じる収益」（ＩＦＲＳ第15号）を公表し、平成30年１月１日以後開始事業年度より強制適用させました。日本においては、企業会計基準委員会が、平成30年３月30日にＩＦＲＳ第15号を基本とした収益認識の新基準を公表し、監査対象法人の令和３年４月１日以後開始事業年度から強制適用とし、平成30年４月１日以後開始事業年度での早期適用を認めました。

　しかし、この収益認識の新基準は、法人税の収益の認識基準と異なる会計処理を求めるところがありました。そこで、法人税は、平成30年度の改正により、法法22を改正し、法法22の２を新設しました。この改正により、法人税法の収益認識に関する条文の解釈が大きく変わりました。特に、法法22②は、文言の改正をせずにその解釈と法人税法上の位置付けが改正されました。また、新設の法法22の２では「別段の定め（法法22④を除く。）があるものを除き」という文言が使われました。その解釈は難解ですが、本書は、この法法22の２の条文を詳細に解説し、フローチャートで示しました。この改正の内容を、十分に理解してもらいたいという思いで書きました。

はしがき

　本書は、多くの方々の支えにより出版することができました。
まず、初めて本を書くにあたりたくさんのご指導をいただいた日本法令出版部の大澤有里様、条文や文章のチェックをしていただいた税理士の籠谷千春様、国税専門官の経験からアドバイスをいただいた藤崎省吾様、本書の内容の確認をしていただいた税理士の吉田茂彦様、この方々のご協力なくしては、本書の出版はなかったと思います。ほんとうにありがとうございました。心より、感謝をいたします。

令和5年2月　浅見透

目　次

第1章　租税と税務行政

第2章　法人所得に課税される租税

第3章　法人税の法体系と条文の読み方

第4章　法人税法 第1編 総則

第5章　法人税の課税標準

第6章　法人税申告書と申告調整

第7章　収益認識の新基準と法人税の改正

● 凡　例 ●

・憲法	日本国憲法
・国通法／通則法	国税通則法
・本法／法法	法人税法
・政令／法令	法人税法施行令
・規則／法規	法人税法施行規則
・法基通	法人税法基本通達
・地法法	地方法人税法
・措法	租税特別措置法
・措令	租税特別措置法施行令
・措規	租税特別措置法規則
・措通	租税特別措置法関係通達
・地法	地方税法
・所法	所得税法

【条・項・号の略について】

条…算用数字

項…丸付き数字

号…漢数字

（例）法人税法第22条第3項第2号　→　法法22③二

第 1 章

租税と税務行政

　実務において法人税の申告業務を実際に行うためには、税務全般についての基礎知識が必要です。そこで、本章では、まず、租税の本質、租税の種類および分類などの概要について解説します。次に、法人税の実務において是非とも知っておかなければならない日本の税務行政機関の概要について解説しています。

① 租税の意義

１．租税の意義と本質

（１）租税の意義

　租税とは、税金と同意語です。日本国憲法（以下、「憲法」という）では、租税と表現しています。租税のそれぞれの税目は法人税法に規定する法人税、所得税法に規定する所得税など税法の規定によります。租税は、これらの税目の総称として使われます。租税という表現よりも、税金という表現のほうがなじみがあり、使われる頻度が高いかもしれません。しかし、国際間での「租税条約」、会計の勘定科目の「租税公課」などのように使われています。このように、租税は、税金より広い範囲を表現する場合に使われています。

（２）租税の本質

　租税の本質は、国家、地方公共団体が公共公益サービスを提供するため、憲法に定める課税権により、国民、地域住民、法人等から強制的に徴収するものであり、国、地方公共団体（都道府県、市区町村）を運営していくための財源になります。

２．納税の義務の根拠

　日本国民は、憲法第30条を根拠条文として、日本という国の運営資金である租税を納付する義務を負います。

憲法第30条（納税の義務）
　国民は、法律の定めるところにより、納税の義務を負ふ。

3．租税法律主義

　憲法第84条により、租税の課税権は、法律を制定することができる国および地方公共団体のみに与えられてれます。また、法律は、国民、地域住民の代表者による国会、地方議会の承認を得て制定されますので、国民、地域住民の同意を受けなければ租税は課税できないことになります。

憲法第84条（租税法律主義）
　あらたに租税を課し、又は現行の租税を変更するには、法律又は法律の定める条件によることを必要とする。

4．租税に関する基礎用語

用　　語	解　　　　説
課税権者	租税を課すことができる課税主体であり、国または地方公共団体（都道府県、市区町村）のみが課税権者になることができます。
課税対象	租税を課税する対象である課税客体で、「一定期間の所得」、「資産の保有や資産の移転」、「ものの消費行為」などが主なものになります。
納税義務者	課税権者に対して、納税申告書等を作成し、租税を納税する義務のある者をいいます。必ずしも、税負担者と同一であるとは限りません。
税負担者	租税の実質負担者をいい、担税者ともいいます。間接税である消費税の場合、税負担者は消費者であり、納税義務者は事業者になります。
納　　税	納税義務者が課税権者に対して租税を金銭等により納めることをいい、納付ともいいます。納める租税の金額を納税額（納付額）といいます。

課税標準	納税額を算出する際に、租税法で規定する税率を乗ずる対象となる金額をいいます。課税標準の算出が税務計算の基本となります。
税　　率	税額算出のために課税標準に乗ずる割合をいいます。税目によっては、法人の種類または課税標準などに応じて複数の税率が適用されることもあります。

② 租税の分類

1．租税の分類

　租税を、（1）課税権者が誰か、（2）納税義務者と税負担者が同一か、（3）課税対象が何か、（4）税額算出者が誰か、（5）納税義務者が誰か、の5つの観点から分類すると、その特徴が明確になります。

2．租税の分類とその特徴

（1）課税権者での分類

分　　類	分　類　内　容
国　　税	国税とは、日本国が課税する租税をいいます。 ※　法人税、地方法人税、所得税、消費税、相続税、贈与税など
地方税	地方税とは、地方公共団体（都道府県、市区町村）が課税する租税をいいます。 ※　法人住民税、法人事業税、個人住民税、個人事業税、固定資産税など

（2）納税義務者と税負担者が同一かどうかでの分類

分　　類	分　類　内　容
直接税	直接税とは、税負担者（担税者）と納税義務者とが同一である租税をいいます。直接税は、税負担者が納税義務者ですので、税負担者みずから納税申告書を作成して申告納付します。 ※　法人税、法人住民税、法人事業税、所得税、個人住民税、個人事業税など
間接税	間接税とは、税負担者（担税者）と納税義務者とが異なる租税をいいます。間接税は、納税義務者が、税負担者から預かった税金に係る納税申告書を作成して税負担者に代わって申告納付します。 ※　消費税、地方消費税、酒税、関税、揮発油税、入湯税、軽油引取税など

（3）課税対象での分類

分　　類	分　類　内　容
所得課税	所得課税とは、一定期間の所得に対して課税する租税をいいます。所得とは、収入金額から売上原価や経費を控除した「儲け」をいいます。 ※　法人税、法人住民税、法人事業税、所得税、個人住民税、個人事業税など
資産課税	資産課税とは、資産の所有または移転に対して課税する租税をいいます。 ※　資産の保有に課す租税は、固定資産税、自動車税など ※　資産の移転に課す租税は、相続税、贈与税、所得税（譲渡所得税）など
消費課税	消費課税とは、ものの消費行為に対して課税する租税をいいます。 ※　消費税、地方消費税、酒税、関税、揮発油税、入湯税、軽油引取税など

（4）税額算出者での分類

分　類	分　類　内　容
申告納税	申告納税方式による租税とは、納税義務者みずからが納税申告書を作成し納税額を計算して、課税権者に申告納付する租税をいいいます。 ※　法人税、法人住民税、法人事業税、所得税、消費税等、相続税、贈与税など
賦課課税	賦課課税方式による租税とは、課税権者が税額を計算して納税義務者に納税額を書面により通知して、納税義務者が納付する租税をいいます。 ※　個人住民税、個人事業税、固定資産税、都市計画税、不動産取得税など

（5）納税義務者での分類

分　類	分　類　内　容
個人課税	個人課税とは、個人（自然人）に対して課税する租税をいいます。 ※　所得税、個人住民税、個人事業税、相続税、贈与税など
法人課税	法人課税とは、法人に対して課税する租税をいいます。法人とは、法律により人格を与えられた組織をいいます。 ※　法人税、法人住民税、法人事業税、地方法人税、特別法人事業税など

👀 実務の着眼点（担税力に対する課税）

租税は、担税力があることに着目して課税することが多いです。すなわち、租税を納付することができる金銭その他の資産の存在するところに対して課税します。商売等で儲けた人の現預金等（所得課税）、資産を売却した人が得た現預金等（資産課税）、所有する金銭等で物品を購入して消費する行為（消費課税）は、原則的に担税力があるとされ、課税対象としています。

③　国税の行政機関

1．国税の行政機関

　国税の課税権者は日本国で、国税の行政機関は、財務省（本省および国税庁）、国税局および税務署からなっています。

2．財務省、国税庁の組織の概要

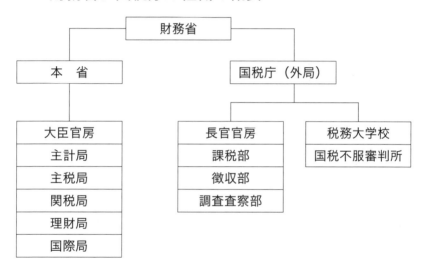

（1）財務省本省

　財務省は、本省と外局である国税庁に分かれます。本省の組織は、財務大臣を長とし、大臣官房、主計局、主税局、関税局、理財局および国際局で構成されます。国家行政について予算の編成、税制の企画立案、関税制度の企画立案、国債の発行、外国為替市場の安定化など幅広い業務を担っています。

（2）国税庁（財務省外局）

国税庁は、国税庁長官を長として、長官官房、課税部、徴収部、調査査察部で構成されます。税務行政の執行に関する企画・立案等を行い、税の賦課徴収を担当する行政機関です。

国税庁には、国税庁本庁のほか、全国に12の国税局（沖縄国税事務所を含む）、524の税務署が設置されています。国税庁本庁は、国税局と税務署の事務を指導監督しています。また、税務職員の教育機関である税務大学校、納税者の不服申立ての審査をする特別な機関として国税不服審判所があります。

3．国税局の組織の概要

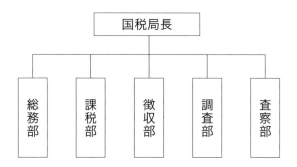

（1）国税局

国税局の組織は、国税局長を長として、総務部、課税部、徴収部、調査部および査察部で構成されます。国税庁の指導監督を受け、管轄区域内の税務署の賦課徴収事務について指導監督をする行政機関です。また、規模の大きな納税者等については、直接、賦課徴収事務を行うほか、悪質な脱税者に対して刑事責任を追及するための調査を行っています。

（2）11の国税局と1の国税事務所

国 税 局 名	管轄している都道府県名					
札幌国税局	北海道					
仙台国税局	青森県	岩手県	宮城県	秋田県	山形県	福島県
関東信越国税局	茨城県	栃木県	群馬県	埼玉県	新潟県	長野県
東京国税局	千葉県	東京都	神奈川県	山梨県		
金沢国税局	富山県	石川県	福井県			
名古屋国税局	岐阜県	静岡県	愛知県	三重県		
大阪国税局	滋賀県	京都府	大阪府	兵庫県	奈良県	和歌山県
広島国税局	鳥取県	島根県	岡山県	広島県	山口県	
高松国税局	徳島県	香川県	愛媛県	高知県		
福岡国税局	福岡県	佐賀県	長崎県			
熊本国税局	熊本県	大分県	宮崎県	鹿児島県		
沖縄国税事務所	沖縄県					

4．税務署

（1）税務署の組織の概要

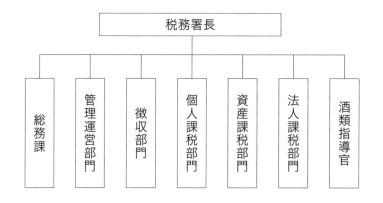

（2）税務署

　税務署の組織は、税務署長を長として、総務課、管理運営部門、徴収部門、個人課税部門、資産課税部門、法人課税部門および酒類指導官で構成されます。国税局の指導監督の下に、国税の賦課徴収事務を納税者に対し直接行う執行機関であり、国税の窓口となる行政機関です。

●●　実務の着眼点（税務調査）

　国税庁、国税局もしくは税務署等の調査担当職員は、所得税、法人税、地方法人税または消費税に関する調査について必要があるときは、納税義務者その他一定の者に質問し、その者の事業に関する帳簿書類その他の物件を検査し、またはその物件（その写しを含む）の提示もしくは提出を求めることができます（通則法74の2）。国税局および税務署の税務職員は、この質問検査権により、納税義務者に対して、いわゆる「税務調査」を行い、税金に係る計算誤り等の是正を行います。

④　地方税の行政機関

1．地方税の行政機関

　地方税の課税権者は、地方公共団体（都道府県ならびに市町村および特別区）であり、地方税の行政機関は、道府県事務所および都税事務所ならびに市役所、町村役場および特別区役所です。

2．地方税の概要 （地法2、3）

　地方公共団体は、地方税法の定めにより地方税を賦課徴収する課税権があります。賦課課税する地方税の税目、課税客体、課税標準、税

率その他について定めをするには、地方議会の承認を受けた条例によらなければなりません。地方公共団体の長である都道府県知事、市町村長および特別区長は、その条例の実施のために必要な事項を規則で定めることができます。

　また、地方公共団体は、地方税法に規定する税目とは別に税目を起こして、地方議会の承認を受けた条例により、法定外普通税または法定外目的税を課すことができます。

3．道府県税と市町村税の税目と東京都の特例

（1）道府県が課税することができる普通税の税目（地法4）

① 　道府県民税
② 　事業税
③ 　地方消費税
④ 　不動産取得税
⑤ 　道府県たばこ税
⑥ 　ゴルフ場利用税
⑦ 　軽油引取税
⑧ 　自動車税
⑨ 　鉱区税

※ 　ただし、道府県は、上記の普通税以外に別の税目の法定外普通税を、条例に基づいて課することができます。

（2）市町村が課税することができる普通税の税目（地法5）

① 　市町村民税
② 　固定資産税
③ 　軽自動車税
④ 　市町村たばこ税
⑤ 　鉱産税
⑥ 　特別土地保有税

※　ただし、道府県は、上記以外に別の税目の法定外普通税を、条例に基づいて課することができます。

（3）東京都の特例 （地法1②、734）

　地方税法は、東京都と特別区（23区）について、道府県税の規定を都税に、市町村税の規定を特別区税に準用すると規定しています。さらに、地法734で、都税は、上記（1）の道府県税の税目に加えて、市町村税の税目である上記（2）①のうち法人住民税（特別区）、②固定資産税、⑥特別土地保有税を課税すると規定しています。

　そのため、東京都の特別区の都税事務所は、特別区の法人に対して都税分の法人住民税に加えて特別区分の法人住民税を合わせて課税し、また、特別区の法人および個人に対して固定資産税および特別土地保有税も課税します。ただし、特別土地保有税は、平成15年1月1日以降は課税が行われていません。

4．道府県税事務所と都税事務所

（1）道府県税事務所

　道府県税事務所は、道府県税事務所長を長として、道府県が課税する上記3．（1）の道府県税の賦課徴収事務を行います。

（2）都税事務所

　都税事務所は、都税事務所長を長として、道府県が課税する上記3．（1）の道府県税に加えて、法人住民税（特別区民税）、固定資産税、特別土地保有税の賦課徴収事務を行います。

5．市役所および町村役場と特別区役所

（1）市役所および町村役場

　市役所および町村役場は、市長および町村長を長として、市町村が課税する上記3．（2）の市町村税の賦課徴収事務を行います。また、道府県税である個人住民税（道府県民税）も市町村役場があわせて賦課徴収事務を行います。

（2）特別区役所

　東京都の特別区役所は、特別区長を長として、市町村が課税する上記3．（2）の市町村税のうち、法人住民税（特別区民税）、固定資産税、特別土地保有税以外の税目の賦課徴収事務を行います。

　また、都税である個人住民税（都民税）も特別区があわせて賦課徴収事務を行います。

👀 実務の着眼点（地方税の税率）

地方税の税率は、地方公共団体が条例で、各税目ごとに定めます。この場合には、地方税法の規定に従って税率を定めます。地方税法は、地方公共団体が定める税率について、標準税率、制限税率、一定税率および任意税率を規定しています。

① 標準税率とは、各税目を課税する場合に、通常適用される税率として地方税法で規定している税率です。ただし、財政上の理由等によりこれによらないこともできます。

② 制限税率とは、各税目を課税する場合に、超えてはならない上限の税率として地方税法が規定している税率です。

③ 一定税率とは、各税目を課税する場合に、地方税法が規定する税率以外の税率によることができない税率です。

④ 任意税率とは、地方税法に税率の規定がなく、地方公共団体が任意に定めることができる税率です。

したがって、地方税の税率は、各都道府県、各市町村および特別区において、条例で定める税率によりますので、各地方公共団体ごとに、かつ、事業年度ごとにその税率は、同一にはなりません。

第 2 章

法人所得に
課税される租税

　法人所得に課税される主な租税、いわゆる法人税等は、現在は、法人税、地方法人税、法人住民税、法人事業税および特別法人事業税の 5 税目です。この法人税等は、平成20年 9 月30日以前は、法人税、法人住民税および法人事業税の 3 税目でした。しかし、その後の税制改正により現在の 5 税目になりました。本章では、この法人税等の税制改正の変遷の経緯をまとめました。また、現在の法人税等の 5 税目の概要を解説しています。

① 法人所得に課税される租税

1．法人税等の変遷

（1）平成20年9月30日以前の法人税等

　法人の所得に対して課税される主な税目は、平成20年9月30日以前は、国税である法人税、都道府県税および市町村税である法人住民税、都道府県税である法人事業税の3税目でした。会計上、この3税目を総称して「法人税等」と表現していました。

（2）平成20年10月1日の改正

　消費税等の税率改正を含む税体系の改革が行われるまでの間の経過措置として、地域間の税源偏在を是正することを目的として、都道府県税である法人事業税の一部を分離し、国税である地方法人特別税が創設されました。

（3）平成26年10月1日の改正

　地域間の税源の偏在性を是正し、財政力格差の縮小を図ることを目的として、地方税である法人住民税の法人税割の税率の引下げにあわせて、地方交付税の財源を確保するための国税である地方法人税が創設されました。

（4）令和元年10月1日の改正

　消費税等の税率改正を受け、法人事業税の税率を引き下げるとともに、平成20年10月1日に創設された地方法人特別税を令和元年9月30日に廃止し、国税である特別法人事業税が創設されました。特別法人事業税は国税ですが、法人事業税とあわせて都道府県に申告納付します。

　この改正により、法人税等は、法人税、地方法人税、法人住民税、法人事業税および特別法人事業税の5税目になりました。

（5）法人税等の変遷の経緯

税　　　目		分　類	開始事業年度			
			H20.9.30 以　前	H20.10.1 以　降	H26.10.1 以　降	R1.10.1 以　降
法人税		国　税	○	○	○	○
法人住民税	法人住民税	国　税	－	－	創設	○
	地方法人税	地方税	○	○	改正	○
法人事業税	法人事業税	地方税	○	改正	○	○
	法人事業税	国　税	－	創設	○	廃止
	特別法人事業税	国　税	－	－	－	創設

② 法人税の概要

1．法人税の特徴

　法人税は、法人の所得金額に課税される租税のうち最も重要な租税です。それは、法人税以外の地方法人税、法人住民税、法人事業税および特別法人事業税の4税目の税額計算は、原則として、すべて法人税の課税標準または法人税額を課税標準として算出されるからです。そのため、法人税の課税標準または法人税額が確定すると、他の租税の税額は、それに連動して算出されることになります。したがって、法人税の税務調査を行って計算誤り等を是正すると、他の4税目も、連動して是正されることになります。

2．法人税の分類

　国税　直接税　所得課税　申告納税

3．課税標準

　内国法人の法人税の課税標準は、各事業年度の所得の金額です。各事業年度の所得の金額は、その事業年度の益金の額からその事業年度の損金の額を控除した金額です。ただし、実務上は、各事業年度の所得の金額は、法人税申告書の別表四において、確定した決算に基づく企業利益に、法人税の別段の定めによる加算項目と減算項目を加算または減算する申告調整を行うことにより算出します。

4．納付税額の計算

（1）納付税額

　課税標準額 × 法人税率

（2）税率 （普通法人の平成30年4月1日以後開始事業年度分）

　法人税率は、原則的に比例税率です。ただし、期末資本金1億円以下の一定の中小法人は、その事業年度の所得の金額のうち年800万円以下の部分の金額については軽減税率を適用する特例があります。
　　①　下記②以外の法人の法人税率　23.2%
　　②　一定の中小法人の年800万円以下の所得の軽減税率　15.0%

③　地方法人税の概要

1．地方法人税の特徴

　平成26年10月1日以後開始事業年度分から、法人住人税率を引き下げるとともに、国税である地方法人税を創設しました。国が国税として納税義務者から地方法人税を徴収し、その後、都道府県、市区町村に地方交付金として交付する租税です。法人税と地方法人税の2税目の国税は、法人税申告書の別表一および別表一次葉で税額計算を行い、

1つの申告書で申告をします（P.37別表一を参照）。ただし、法人税額と地方法人税額は、それぞれの税目ごとの納付書で納付します。また、両税目とも、法人税の各事業年度の所得の金額の計算上、損金の額に算入されません。

2．地方法人税の分類

国税　直接税　所得課税　申告納税

3．課税標準

各事業年度の基準法人税額（地法法9）

4．納付税額の計算

（1）納付税額

課税標準額 × 地方法人税率

（2）税率（令和元年10月1日以後開始事業年度）

10.3%（地法法10）

④ 法人住民税の概要

1．法人住民税の特徴

法人住民税は、道府県民税と市町村民税および都民税の総称です。また、法人税割と均等割により構成されています。法人税割額は、一定の税額控除前の法人税額を課税標準として、これに対して住民税率を乗じて算出します。また、均等割額は、資本金等の額および従業者数を基礎として算定されます。また、法人住民税は、法人税の各事業

年度の所得の金額の計算上、損金の額に算入されません。

> **◉）◉）実務の着眼点（道府県税と道府県民税の区分）**
>
> 「道府県税」は、道府県が課す税目の総称です。「道府県民税」は、道府県が課す住民税です。少し紛らわしいのですが、「民」が加わると住民税ということです。市町村も同じで、「市町村税」は、市町村が課税する税目の総称で、「市町村民税」は住民税です。道府県民税も市町村民税も、個人に課税する個人住民税と法人に課税する法人住民税があります。

２．法人住民税の分類

地方税　直接税　所得課税　申告納税

３．課税標準

法人税割の課税標準は、一定の税額控除控除前の法人税額です。
均等割の課税標準は、資本金等の額と従業者数です。

４．税率 （令和元年10月１日以後開始事業年度分）

（１）法人税割の税率

① 道府県民税の標準税率　1.0%
② 市町村民税の標準税率　6.0%

（２）均等割額 （令和元年10月１日以後開始事業年度分）

均等割額は、法人の資本金等の額と従業者数に応じて10段階に区分して金額が定められています。均等割額の最低金額は、資本金等の額が1,000万円以下かつ従業者数が50人以下の法人で、均等割額は、道府県民税が年２万円、市町村民税が年５万円です。また、均等割額の

最高金額は、資本金等の額が50億円超かつ従業者数50人超の法人で、均等割額は、道府県民税が年80万円、市町村民税が年300万円です。また、均等割額は、法人のその事業年度の所得金額がマイナスであっても納税義務があります。

5．納付税額

法人税割額と均等割額の合計額

👀 実務の着眼点（道府県民税と市町村民税の税率）

道府県民税および市町村民税は、法人の所得に対して課税される地方税で、法人住民税と総称されます。法人住民税の法人税割額の税率および均等割額は、いずれも市町村民税のほうが道府県民税よりも高いです。それは、法人所得に課税されるもう一つの地方税である法人事業税が道府県税であるため市町村の歳入とならないからです。そのため、法人住民税については、市町村民税の税率および均等割額を道府県民税よりも高くしています。

⑤　法人事業税の概要

1．法人事業税の特徴

法人事業税は、都道府県が、法人に対して課税する都道府県税です。平成16年4月1日開始事業年度から、資本金の額が1億円超の法人に対して外形標準課税が新設されました。また、平成20年10月1日以後開始事業年度分から、法人事業税率を引き下げるとともに、国税である地方法人特別税を創設しました。さらに、令和元年10月1日以後開始事業年度分から、地方法人特別税を廃止し、特別法人事業税が創設されました。

法人事業税は、以下の4種類の課税標準に対する事業税により構成

されます（地法72の12）。
① 付加価値を課税標準として課税する付加価値割
② 資本金等の額を課税標準とする資本割
③ 所得を課税標準とする所得割
④ 収入金額を課税標準とする収入割

そして、法人の事業の種類、資本金の額および法人の組織等により法人を区分して、その区分に応じて、一定の事業税をその区分した法人に対して課税します。また、法人事業税は、法人税の各事業年度の所得の金額の計算上、損金の額に算入されます。

2. 法人事業税の分類

地方税　直接税　所得課税　申告納税

3. 課税標準と事業税額

（1）付加価値割（地法72の14）

① **課税標準**
ア 報酬給与額（報酬、給与、賃金等と確定拠出年金等の掛金の合計額）
イ 各事業年度の純支払利子（支払利子合計額から受取利子合計額を控除した金額）
ウ 各事業年度の純支払賃借料（支払賃借料合計額から受取賃借料合計額を控除した金額）
エ 単年度損益（法人税の課税標準に地方税法の一定の規定を適用した金額）
オ 付加価値額（アからウの合計額に単年度の利益を加算または損失を減算した金額）
② **付加価値割額**
課税標準×付加価値割の税率

（2）資本割 （地法72の21）

① **課税標準**　各事業年度終了日の資本金等の額
② **資本割額**　課税標準×資本割の税率

（3）所得割 （地法72の23）

① **課税標準**　地方税法等の別段の定めを除き、法人税の課税標準である所得の金額
② **所得割額**　課税標準×所得割の税率

（4）収入割 （地法72の24の2）

① **課税標準**　地方税法等で定める各事業年度の収入金額※

　　　　　　　　　※　保険業等、電気供給業およびガス供給業の収入金額

② **所得割額**　課税標準×収入割の税率

4．法人区分ごとの課税標準および事業税額

（1）外形標準課税対象法人

① **法人区分**　外形標準課税対象法人は、資本金の額または出資金の額が1億円を超える法人
② **課税標準**　付加価値割額　資本割額　所得割額

（2）特別法人

① **法人区分**　法人税法別表第三に規定する協同組合等および医療法人
② **課税標準**　所得割額（軽減税率による）

（3）電気供給業を行う法人

① **法人区分**　下記（4）以外の電気供給業、導管ガス供給業、保険業、貿易保険業を行う法人
② **課税標準**　収入割額

（４）電気供給業のうち下記のものを行う法人

① **法人区分**　小売電気事業等　発電事業等　特定卸供給事業を行う法人
② **課税標準**
　ア　資本金１億円超の普通法人　収入割額　付加価値割額　資本割額
　イ　資本金１億円以下普通法人　収入割額　所得割額

（５）特定ガス供給業を行う法人

① **法人区分**　導管ガス供給業以外のガス供給業を行う法人
② **課税標準**　収入割額　付加価値割額　資本割額

（６）上記以外の法人

① **法人区分**　上記以外の法人
② **課税標準**　所得割額

◉◉ 実務の着眼点（外形標準課税と銀行税）

平成バブル崩壊による貸倒れ損失から生じた青色欠損金の繰越控除により、銀行をはじめ多くの法人は、バブル崩壊後、単年度利益があるにもかかわらず、法人税等の納税をしないで済んでいました。そこで、平成12年に、当時東京都知事であった石原慎太郎氏は、東京都内の大手銀行を対象として、付加価値割、資本割および所得割による外形標準課税の法人事業税の課税を条例で制定しました。ただし、東京地裁の判決で、特定の業種のみに課税する租税は違法とされ、制定は無効とされました。しかし、この外形標準課税は、その後、平成16年４月１日以後開始事業年度以降、資本金１億円以上の法人に対して課税する法人事業税として法制化されました。

6　特別法人事業税の概要

1．特別法人事業税の特徴

　特別法人事業税は、消費税の税率等の改正と同時に、令和元年10月 1 日以後開始事業年度分から、地方法人特別税を廃止し、国税として新設されました。国が納税義務者から特別法人事業税を徴収し、国から都道府県に同額を特別法人事業譲与税として再分配する租税です。

　特別法人事業税は、「特別法人事業税および特別法人事業譲与税に関する法律第 8 条」により、都道府県が、その都道府県の法人事業税の賦課徴収とあわせて行うと規定されています。そのため、特別法人事業税は国税ですが、地方税法申告書第 6 号様式で法人住民税、法人事業税とあわせて計算され、都道府県に直接申告納税します。また、特別法人事業税は、法人税の各事業年度の所得の金額の計算上、損金の額に算入されます。

2．特別法人事業税の分類

　国税　直接税　所得課税　申告納税

3．課税標準

① **基準法人所得割額**　地方税法の規定より計算した法人事業税の所得割額
② **基準法人収入金額**　地方税法の規定より計算した法人事業税の収入割額

4．法人区分ごとの事業税額

① **外形課税対象法人**　基準法人所得割額×外形課税対象法人の税率
② **特別法人**　基準法人所得割額×特別法人の税率

③ ④以外の電気供給業を行う法人
　　基準法人収入金額×電気供給業を行う法人の税率

④ ③のうち小売電気事業等、発電事業等、特定卸供給事業を行う法人
　　基準法人収入金額×小売電気事業等、発電事業等、特定卸供給事業を行う法人の税率

⑤ 特定ガス供給業を行う法人
　　基準法人収入金額×特定ガス供給業を行う法人の税率

⑥ 上記以外の法人　基準法人所得割額×上記以外の法人の税率

👀 実務の着眼点（特別法人事業税）

特別法人事業税は、地方法人特別税の廃止により令和元年10月１日に新設された国税です。しかし、特別法人事業税は、国税であるにもかかわらず、地方税法の第６号様式の申告書で法人住民税および法人事業税とともに計算され、都道府県税事務所に申告されます。また、特別法人事業税の納税も、法人住民税および法人事業税とともに１枚の納付書により都道府県税事務所に対して納付されます。特別法人事業税は国税ですが、その税額は特別法人事業譲与税として都道府県に対し同額が再分配される税であることから、このような取扱いになっています。

◆法人税申告書　別表一

令和　年　月　日 税務署長殿			青色申告　一連番号		別表一
納税地	電話（　　）　　－	通算グループ 整理番号	整理番号		各事業年度の所得に係る申告書―内国法人の分……令四・四・一以後終了事業年度等分
（フリガナ） 法人名		通算親法人 整理番号	事業年度 （至）		
		法人区分	売上金額		
		事業種目	申告年月日		
法人番号			円	非同・小法人	
（フリガナ） 代表者		同非区分	通信日付印　確認　庁指定　局指定　指導等　区分		
代表者 住所		旧納税地及び 旧法人名等			
		添付書類		申告区分	

令和　　年　　月　　日	事業年度分の法人税　　申告書	適用額明細書 提出の有無	有　無
令和　　年　　月　　日	課税事業年度分の地方法人税　申告書 （中間申告の場合　令和　年　月　日 の計算期間　令和　年　月　日）	税理士法第30条 の書面提出有　有	税理士法第33条 の2の書面提出有　有

			十億　百万　千　円				十億　百万　千　円
この申告書による法人税額の計算	所得金額又は欠損金額 （別表四「52の①」）	1		控除税額の計算	所得税の額 （別表六（一）「6の③」）	16	
	法人税額 （52）＋（53）＋（54）	2			外国税額 （別表六（二）「24」）	17	
	法人税額の特別控除額 （別表六（六）「5」）	3			計 （16）＋（17）	18	
	税額控除超過額 相当額等の加算額	4			控除した金額 （12）	19	
	土利 地課 課税土地譲渡利益金額 譲子 渡	5	０００		控除しきれなかった金額 （18）－（19）	20	
	額の 税 同上に対する税額 金 （74）＋（75）＋（76）	6		この申告による還付金額	所得税額等の還付金額 （20）	21	外
	留保金 留保税額 （別表三（一）「4」）	7			中間納付額 （14）－（13）	22	
	同上に対する税額 （別表三（一）「8」）	8	０００		欠損金の繰戻しによる還付請求税額	23	外
	法人税額計 （2）－（3）＋（4）＋（6）＋（8）	9	０００		計 （21）＋（22）＋（23）	24	
	分配時調整外国税相当額及び外国関係会社等に係る控除対象所得税額等相当額の控除額（別表六（五の二）「7」＋別表十七（三の六）「3」）	10		この申告が修正申告である場合	この申告前の所得 金額又は欠損金額 （59）	25	
	仮装経理に基づく過大申告の 更正に伴う控除法人税額	11			この申告により納付 すべき法人税額又は 減少する還付請求税額 （64）	26	外
	控除税額 （（9）－（10）－（11）と（18）のうち少ない金額）	12			欠損金又は災害損失金等の当期控除額 （別表七（一）「4の計」＋（別表七（四）「10」）	27	
	差引所得に対する法人税額 （9）－（10）－（11）－（12）	13	０００		翌期へ繰り越す欠損金又は災害損失金 （別表七（一）「5の合計」）	28	
	中間申告分の法人税額	14	０００				
	差引確定／中間申告の場合はその 法人税額＼税額とし、マイナスの （13）－（14）＼場合は、（22）へ記入）	15	０００				
この申告による地方法人税額の計算	所得の金額に対する法人税額 （29）＝（2）－（3）＋（4）＋（6）＋（9の外書）	29			外国税額の還付金額 （79）	42	
	課税留保金額に 対する法人税額	30			中間納付額 （40）－（39）	43	
	課税標準法人税額 （29）＋（30）	31	０００		計 （42）＋（43）	44	
	地方法人税額 （57）	32		この申告が修正申告である場合	この申告前の所得 に対する法人税額 （67）	45	
	税額控除超過額相当額の加算額 （別表六（二）付表六「14の計」）	33			この申告前の課税留保金額に 対する法人税額（68）	46	
	課税留保金額に係る地方法人税額 （58）	34			課税標準法人税額 （69）	47	０００
	所得地方法人税額 （32）＋（33）＋（34）	35			この申告により納付 すべき地方法人税額 （48）	48	外
	分配時調整外国税相当額及び外国関係会社等に係る控除対象所得税額等相当額の控除額（別表六（五の二）「8」＋別表十七（三の六）「4」）	36			剰余金・利益の配当 （剰余金の分配）の金額		
	仮装経理に基づく過大申告の 更正に伴う控除地方法人税額	37			残余財産の最 後の分配又は 引渡しの日	決算確定の日	
	外国税額の控除額 （36）－（37）とのうち少ない金額	38					
	差引地方法人税額 （35）－（36）－（37）－（38）	39	０００		銀行　本店・支店 金庫・組合　出張所 農協・漁協　本所・支所	郵便局名等	
	中間申告分の地方法人税額	40	０００		預金　口座番号	－	
	差引確定／中間申告の場合はその 地方法人税額＼税額とし、マイナスの （39）－（40）＼場合は、（43）へ記入）	41	０００		ゆうちょ銀行の 貯金記号番号	－	
					税務署処理欄		

税理士 署名	

◆地方税申告書第6号様式

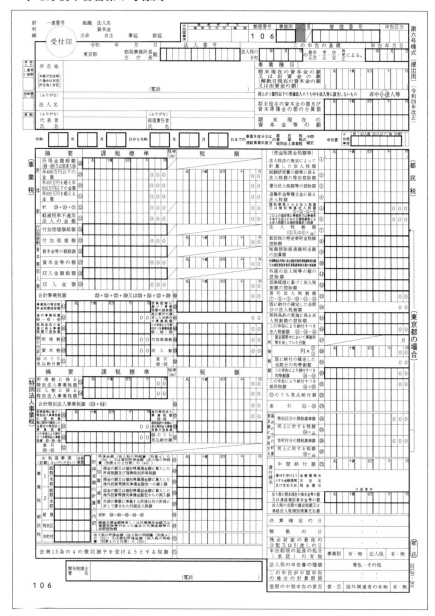

◆地方税申告書第20号様式

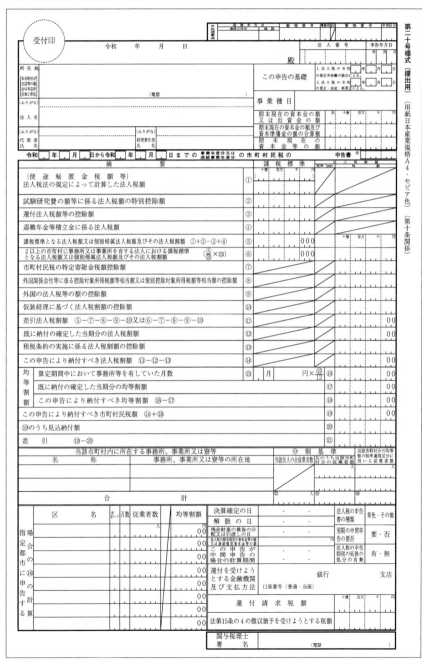

7 日本の主な租税の種類と概要

	税目	課税者	担当窓口	直間税	課税標準	税額計算
法人所得に課税	1 法人税	国税	所轄税務署	直接税	法人所得金額	申告納税
	2 地方法人税	国税	所轄税務署		法人税額	
	3 法人住民税	地方税	都道府県税事務所		法人税額	
			市区町村役場		法人税額	
	4 法人事業税	地方税	都道府県税事務所		法人所得金額等	
	5 特別法人事業税	国税	都道府県税事務所		事業税額等	
個人所得に課税	1 所得税	国税	所轄税務署	直接税	各種所得金額− 所得税所得控除額	申告納税
	2 復興特別所得税	国税	所轄税務署		所得税	
	3 個人住民税	地方税	都道府県税事務所		各種所得金額− 住民税所得控除額	賦課課税
			市区町村役場			
	4 個人事業税	地方税	都道府県税事務所		事業所得金額等− 事業主控除額	
法人・個人に課税	1 消費税	国税	所轄税務署	間接税	課税資産の譲渡等 の対価の額	申告納税
	2 地方消費税	地方税	所轄税務署		消費税額	
	3 固定資産税	地方税	市区町村役場	直接税	固定資産税評価額	賦課課税
個人資産課税	1 相続税	国税	所轄税務署	直接税	財産−債務	申告納税
	2 贈与税				受贈財産	

第 3 章

法人税の法体系と
条文の読み方

　本章では、法人税法の法体系について解説します。法人税法以外の税法の条文構成もほぼ同じです。条文を読むことにより、税制改正にも柔軟に対応できますし、その条文を実務において最も有利に適用する方法を判断する能力がつきます。本章では、条文の調べ方および読み方についても解説しています。

① 法人税法の法体系

1．法人税法の法体系

日本国憲法（憲法）	
第30条　納税の義務	第84条　租税法律主義

国税通則法（通則法）
所得税、法人税、相続税など、すべての国税に関する基本事項、共通事項を規定している。

法人税法（法法）	租税特別措置法（措法）
法人税の基本事項を定め、国会の決議による法律。	政策的要請による時限立法で、国会の決議による法律。

法人税法施行令（法令）	租税特別措置法施行令（措令）
法人税の具体的な計算方法を定め、内閣が制定する命令。	措法の具体的な計算方法を定め、内閣が制定する命令。

法人税法施行規則（法規）	租税特別措置法規則（措規）
法人税の具体的な手続等を定め、財務省が制定する命令。	措法の具体的な手続等を定め、財務省が制定する命令。

法人税法基本通達（法基通）	租税特別措置法関係通達（措通）
課税の公平を保つため具体的、詳細な取扱いを国税庁が公表する内規で、法律ではない。	課税の公平を保つため具体的、詳細な取扱いを国税庁が公表する内規で、法律ではない。

2．法人税法に関する法律の種類

（1）日本国憲法

憲法30は、日本国民には納税の義務があることを定め、憲法84で、租税は法律の定めによらなければ課税できないこと、そのため、国または地方公共団体だけに課税権が与えられることを定めています。

（2）国税通則法

国税通則法（通則法）は、すべての国税に共通する基本事項を定めています。具体的には、国税の納税義務、納付と徴収、還付と還付加算金、付帯税、税務調査その他国税に共通した手続きなどを規定しています。

（3）法人税法

法人税法（「法法」または「本法」）は、国会で承認可決されて制定されます。本法では、租税の制度の骨子を定めています。本法の内容の具体的、詳細な取扱い、手続きなどについては、以下の法人税法施行令、法人税法施行規則で規定し、さらに詳細な取扱いなどについては、法人税法基本通達で定めています。

（4）法人税法施行令

法人税法施行令（「法令」または「政令」）は、内閣が制定する本法に基づく命令です。政令は、本法で定めている条文の内容を具体的、詳細に規定しています。

（5）法人税法施行規則

法人税法施行規則（「法規」または「規則」）は、財務省が制定する命令です。規則は、本法または政令を施行するための手続きに関する事項を主に規定しています。

（6）法人税法基本通達

法人税法基本通達（「法基通」または「通達」）は、国税庁が、下部組織である国税局、税務署における法人税法の適用にあたり、課税の公平性を保つために公表する内規で、法人税法の具体的、詳細な取扱いを示したものです。通達は法律ではないため、強制力のあるものではありません。しかし、税務行政は、通達により執行されることが多いので通達の考え方は重要になります。通達には、基本通達、個別通達などがあります。

（7）租税特別措置法

租税特別措置法（「措法」）は、法人税法本法と同じく国会で承認可決されて制定されます。措法は、法人税法などの国税本法に対して、社会政策等の観点から、特例的に定められた法律です。また、措法は、時限立法であるため、適用期間が定められています。具体的には、「令和○年○月○日から令和△年△月△日までに開始する事業年度において」と適用期間を限定しているため、期間を延長する改正が行われない場合には、失効してしまう法律です。措法は、所得税、法人税、相続税など国税全般の税目の特例を規定しています。また、法人税法本法と同様に、措法の内容の具体的、詳細な取扱い、手続きなどについては、措令、措規で規定し、さらに詳細な取扱いなどについては、措通で定めています。また、適用期間は和暦で表記されています。

② 条文の検索方法

1．紙面による条文集

紙面による条文集は、多種多様のものが出版されています。関連する法律の条文そのものだけを記載したもの、条文ごとにすべての条文を解説しているもの、改正前の条文と改正後の条文を対比して改正の趣旨を踏まえながら解説しているものなどたくさんの種類があります。

やはり、紙面による条文集は、条文全体のボリュームや構造が一目瞭然で確認できること、気づいたことなどを直接メモできることなどたくさんのメリットがあります。ただし、条文が改正されると新しいものを買いなおさないといけないというデメリットがあります。

2．インターネットでの条文の検索方法

　インターネットが普及した現在では、条文は「e-Gov 法令データ提供システム」や、「国税庁ホームページ」をはじめとするたくさんのサイトから検索して閲覧することができます。ただし、税務に関する情報については、その信憑性の観点からも行政機関の運営しているサイトを利用してください。

　また、インターネットでの情報を閲覧する際には、必ず、その情報の発信日時を確認してください。1年前の情報は、その後の改正でそのままでは適用できない情報となっている可能性もあるからです。携帯端末を持っていれば、すべての条文集を持ち歩いているのと同じことになります。本当に便利になりました。もちろん、紙面による条文集の重要性がなくなるわけではありませんが、この便利な方法を利用しない手はないでしょう。

3．e-Gov、国税庁ホームページからの条文の検索方法

　条文の検索方法は以下のとおりで、すべての法令、通達などをパソコン、携帯端末等で検索し、閲覧することができます。また、条文、通達などには、著作権はありませんのでコピーして使うこともできます。その際には、カッコ内の文章の色を変えてみるなど工夫をして、読みやすくなるようにしてください。

(1) 法令関係（税法そのもの）を検索

　①　法令等→税法（e-GOV の「法令データ提供システム」
　②　法令名の用語検索→法人税法、法人税法施行令など税目を入力

して検索する。

（2）基本通達、個別通達、措置法通達を検索

① 法令等→法令解釈通達
② 法令解釈通達内を検索→法人税関係
③ 基本通達、個別通達、措置法通達などを選択して検索

（3）税務申告の手続きや用紙を入手

① 税の情報・手続き・用紙
② 申告・申請・届出等・用紙（手続の案内・様式）

③ 条文用語の解説

1．時間にかかる用語

（1）「以前」と「前」

①「以前」→　その時点を含んでその前の期間をいいます。
　　（例）3月31日以前　～3月31日
②「前」　→　その時点を含まずその前の期間をいいます。
　　（例）3月31日前　～3月30日

（2）「以後」と「後」

①「以後」→　その時点を含んでその後の期間をいいます。
　　（例）4月1日以後　4月1日～
②「後」　→　その時点を含まずその後の期間
　　（例）4月1日後　4月2日～

（3）「期日」と「期間」と「期限」

①「期日」→　一定の日を示します。
　　（例）1月31日の期日をもって時効が成立した。

②「期間」→　始まりと終わりを定めた範囲内の日を示します。
　　（例）1月1日から1月31日までの期間
③「期限」→　終わりのみを定めた範囲内の日を示します。
　　（例）1月31日を期限として

2．数字にかかる用語

（1）「以上」と「超」

①「以上」→　その数を含んでそれより大きい範囲をいいます。
　　（例）100円以上　100円〜
②「超」→　その数を含まずそれより大きい範囲をいいます。
　　（例）100円超　101円〜

（2）「以下」と「未満」

①「以下」→　その数を含んでそれより小さい範囲をいいます。
　　（例）100円以下　〜100円
②「未満」→　その数を含まずそれより小さい範囲をいいます。
　　（例）100円未満　〜99円

3．接続詞の用語

（1）「又は」と「若しくは」

①「又は」→　読みは「マタハ」で、どちらか一方を選択する接続詞で大区分に用います。英語の「or」と同意語です。
②「若しくは」→読みは「モシクハ」で、どちらか一方を選択する接続詞で小区分に用います。英語の「or」と同意語です。
　　（例）本店又は東京支店若しくは横浜支店に、連絡してください。
　　※　本店か、支店のうち東京支店か横浜支店のどこか1

か所に連絡してください。

（2）「並びに」と「及び」

①「並びに」→ 読みは「ナラビニ」で、両方を示す接続詞で大区分に用います。

英語の「and」と同意語です。

②「及び」→ 読みは「オヨビ」で、両方を示す接続詞で小区分に用います。

英語の「and」と同意語です。

（例）本店並びに東京支店及び神奈川支店は、本日休業です。

※ 本店と、支店のうち東京支店と横浜支店はすべて本日休業です。

4．その他の用語

（1）「場合」と「とき」と「時」

①「場合」→ 仮定的な条件を示し、大きな条件で用います。

②「とき」→ 仮定的な条件を示し、小さな条件で用います。

（例）個人が、建物を譲渡した場合において、その建物が自己の居住の用に供されているときは、3,000万円の特別控除の特例が適用されます。

※ 建物の譲渡には、居住用建物やアパートなどの譲渡もあるため大区分となります。

③「時」→ 読みは「トキ」で、「とき」と同じですが、一定の時点を示すときに用います。

（例）相続または遺贈により財産を取得した時から、3月以内に相続放棄しました。

（2）「者」と「物」と「もの」

①「者」→ 読みは「シャ」で、「物」および「もの」と区別しま

す。法律上の人格をもつ主体をいい、自然人（個人）および法人を示すときに用います。

② 「物」　→　読みは「モノ」で、①以外の有形物、例えば不動産等を示すときに用います。

③ 「もの」→　①および②以外の無形で価値のあるもの（サービス）、抽象的なものなどを示すときに用います。

（3）「みなす」と「推定する」

① 「みなす」→　本来異なるものを同一的に取り扱うときに用います。

（例）親会社から子会社へ土地を時価で譲渡したものとみなします。

※　時価2億円の土地を子会社に1億円で譲渡しましたが、その事実とは異なり、法人税法上は時価の2億円で譲渡したとして取り扱います。

② 「推定する」→　反証がない限り同一的に取扱うときに用います。

（例）A法人は、本件土地を1億円で取得したものと推定します。

※　確実な証拠はありませんが、状況的な資料等から1億円で取得したと推測して税務処理をしました。ただし、より信憑性の高い反証があればそれが優先され、反証がなければ、この推定した1億円が是認されます。

④　条文の構造と検証

1．条文構成

　条文の構成は、○○税法　第○条　第○項　第○号という構成になっています。各項は算用数字（1、2、3）で表記されます。しかし、第1項は1と表記しません。また、各号は漢数字（一、二、三）で表記します。

2. カッコ書

　税法の条文は、カッコ書が多く使用されています。まず最初に、カッコ書を除いて全体を読みきってください。カッコ書は、その直前の用語の条件等を示していますので、その後、その直前の用語を主語にして、カッコ書を読んでください。色分けすると読みやすくなります。

5 実際の条文での検証

　法法22の条文そのもので、ここまで解説してきたことを検証してみます。法法22の条文は、法人税法の条文の中で最も重要な条文の一つですので、**第5章**でその内容を詳細に解説します。

> **第22条（各事業年度の所得の金額の計算の通則）**[※1]
> 　内国法人の各事業年度の所得の金額は、当該事業年度の益金の額から当該年度の損金の額を控除した金額とする。
> 2[※2]　内国法人の各事業年度の所得の金額の計算上当該事業年度の益金の額に算入すべき額は、別段の定めがあるものを除き、資産の販売、有償又は無償による資産の譲渡又は役務の提供[※3]、無償による資産の譲受けその他の取引で資本等取引以外のものに係る当該事業年度の収益の額とする。
> 3　内国法人の各事業年度の所得の金額の計算上当該事業年度の損金の額に算入すべき金額は、別段の定めがあるものを除き、次に掲げる額とする。
> 一[※4]　当該事業年度の収益に係る売上原価、完成工事原価その他これらに準ずる原価
> 二　前号に掲げるもののほか、当該事業年度の販売費、一般管理費その他の費用[※5]（償却費以外の費用で当該事業年度終了の日までに債務の確定しないものを除く。）の額
> 三　当該事業年度の損失の額で資本等取引以外の取引に係るもの

　　4　　第二項に規定する当該事業年度の収益の額及び前項各号に掲
　　　げる額※6は、別段の定めがあるものを除き、一般に公正妥当
　　　と認められる会計処理の基準に従って計算されるものとする。
　　5　　第二項又は第三項に規定する資本等取引とは、法人の資本金
　　　等の額の増加又は減少を生ずる取引並びに法人が行う利益又は
　　　剰余金の分配（資産の流動化に関する法律第百十五条第一項
　　　（中間配当）※7に規定する金銭の分配を含む。）及び残余財産の
　　　分配又は引渡しをいう。

※1　　第22条のタイトルが（）に記載されています。
※2　　第1項には、「1」の番号を表記しませんが、第2項以下は、条文の文頭
　　　に「算用数字」（2、3、4）を表記します。
※3　　「有償又は無償による資産の譲渡又は役務の提供」は、「有償による資産の
　　　譲渡」、「無償による資産の譲渡」、「有償による役務の提供」、「無償による役務
　　　の提供」のいずれか、を意味します。
※4　　この条文のこの部分は、「法人税法第22条第3項第1号」です。略して（法
　　　法22③一）と表記することもあり、以下、本書においてもこの表記を使用する
　　　ことがあります。
　　　　第○号は、漢数字（一、二、三）で表記します。内容が一つであれば各号は
　　　使わず、各項の中の条文の中で表現します。つまり、各項の条文の説明で、複
　　　数の内容を列記する必要があるときに各号を使うことになります。そのため、
　　　第一号も「一」の表記をします。
※5　　第22条第3項第2号（法法22③二）は、カッコ書きがあるため、最初は
　　　カッコ書きを除いて読みます。
　　　　「前号に掲げるもののほか、当該事業年度の販売費、一般管理費その他の費
　　　用（）の額」と読みます。第3項の本文とつないで、損金の額に算入すべき金
　　　額は、第1号の原価以外の販売費、一般管理費その他の費用です、と解釈しま
　　　す。
　　　　その次に、カッコ書きの前の言葉である「費用」を主語として「費用には、
　　　償却費以外の費用で、その事業年度終了の日までに債務の確定しないものを除
　　　く」と読みます。つまり、年度末までに民法等の法令等による支払義務が確定
　　　していない費用、つまり、引当金、準備金などは、損金の額に算入すべき金額
　　　に該当しない、と解釈します。
　　　　このように、条文を初めて読む際には、条文が規定している本来の意味、趣
　　　旨を解釈するためにこのような読み方をします。
※6　　「第二項に規定する当該事業年度の収益の額及び前項各号に掲げる額」は、

第2項の収益の額、第3項第1号の原価の額、第3項第2号の費用の額、第3項第3号の損失の額は、すべて同じ扱いで、と解釈します。

　「第二項」と「前項各号」という表記をしています。直前の項は「前項」、同じ条文の直前以外の項は「第○項」と表記し、同じ法律の別の条文であれば「第○条第○項」と表記します。「号」についても同様の表記をします。

※7　条文の中で、他の法律の条文を引用する場合には、「○○法第○条第△項第□号」と表記します。

◉◉ 実務の着眼点（税法は和暦）

税法は、昭和、平成または令和などの和暦の年号を使います。措法の条文に規定する期間も、法人税や所得税の申告書にプレプリントされている年号もすべて和暦です。そのため、本書も、年号を和暦で統一しています。

第 4 章

法人税法 第 1 編
総 則

法人税法 第1編 総則は、法法1から法法20で構成されています。法法1から法法3からなる通則に始まり、法人税法の立法趣旨、法人税法における用語の定義、法人の種類、納税義務者、課税所得等の範囲等、事業年度等、納税地など法人税法の基本事項を規定しています。また、所得の帰属に関する通則として、法法11で実質所得者課税の原則を規定しています。可能な限り条文そのものを記載して解説しています。なお、外国法人および信託に関する事項については、解説を省略しています。

① **第1章通則**（法法1～法法3）

1. 第1編　総則の構成

法人税法第1編総則の構成は、以下のとおりです。

```
第1編　総則
    第1章      通則                      （第1～3条）
    第2章      納税義務者                  （第4条）
    第2章の2    法人課税信託               （第4条の2～第4条の4）
    第3章      課税所得等の範囲等
        第1節    課税所得等の範囲          （第5～9条）
        第2節    課税所得の範囲の変更等     （第10条）
    第4章      所得の帰属に関する通則       （第11～12条）
    第5章      事業年度等                  （第13～15条）
    第6章      納税地                      （第16～20条）
```

2. 第1章 通則（法法1～法法3）

（1）法人税法の規定の趣旨（法法1）

法法1は、法人税法の立法趣旨について規定しています。

法人税法第1条（趣旨）
　この法律は、法人税について、納税義務者、課税所得等の範囲、税額計算の方法、申告、納付及び還付の手続並びにその納付義務の適正な履行を確保するため必要な事項を定めるものとする。

（2）用語の定義（法法2）

法法2は、法人税法の用語の定義を規定しています。

法人税法第2条（定義）

　この法律において、次の各号に掲げる用語の意義は、当該各号に定めるところによる。

一　国内　この法律の施行地をいう。

二　国外　この法律の施行地外の地域をいう。

三　内国法人　国内に本店又は主たる事務所を有する法人をいう。

四　外国法人　内国法人以外の法人をいう。

五　公共法人　別表第一に掲げる法人をいう。

六　公益法人等　別表第二に掲げる法人をいう。

七　協同組合等　別表第三に掲げる法人をいう。

八　人格のない社団等　法人でない社団又は財団で代表者又は管理人の定めがあるものをいう。

九　普通法人　第五号から第七号までに掲げる法人以外の法人をいい、人格のない社団等を含まない。

（以下省略）

（3）人格のない社団等の取扱い（法法3、2八）

　法法3は、人格のない社団等（法人でない社団または財団で代表者または管理人の定めがあるものをいう）は、法人とみなされて、法人税法が課されることを規定しています。

法人税法第3条（人格のない社団等に対するこの法律の適用）

　人格のない社団等は、法人とみなして、この法律の規定を適用する。

---

② 法人の種類と分類

1．法人の所在地による分類

　法人を、本店または主たる事務所の所在地で分類すると、内国法人と外国法人に分けられます。法人税法は、内国法人の定義をし、外国法人は内国法人以外の法人と定義しています。ひとつの定義を規定し、「それ以外」という規定をしています。これにより定義する対象にもれがなくなります。

（1）内国法人 （法法2三）

　内国法人とは、国内に本店または主たる事務所を有する法人をいいます。

（2）外国法人 （法法2四）

　外国法人とは、内国法人以外の法人をいいます。

2．法人組織による分類

　法人税法は、法人を、その組織形態から以下のとおりに分類しています（法法2五〜九）。

組織での分類	法人の定義	具体例
公共法人 （法法2五）	法人税法別表第一に掲げる法人	・国立大学法人、日本放送協会 ・日本中央競馬会、日本年金機構 ・独立行政法人など
公益法人等 （法法2六）	法人税法別表第二に掲げる法人	・学校法人（私立学校等） ・日本赤十字社、厚生年金基金 ・日本公認会計士協会、日本税理士会連合会など
協同組合等 （法法2七）	法人税法別表第三に掲げる法人	・農業協同組合、漁業協同組合 ・信用金庫連合会、農林中央金庫 ・消費生活協同組合連合会など

人格のない 社団等 (法法2八)	法人でない社団ま たは財団で代表者 または管理人の定 めがあるもの	・町内会、ＰＴＡ ・マンション管理組合、労働組合 ・同好会、同窓会など
普通法人 (法法2九)	上記の法人以外の 法人をいい、人格 のない社団等を含 まない	・株式会社 ・持分会社（合同・合資・合名会社） ・特定有限会社など

③　納税義務者と課税所得等の範囲

1．法人税の納税義務 <small>(法法4)</small>

　法人税の納税義務者について、法法4、法法4の2から法法4の4で規定しています。法法4の2から法法4の4は、法人課税信託についての規定ですので説明を省略します。

法人税法第4条（納税義務者）

　　内国法人は、この法律により、法人税を納める義務がある。ただし、公益法人等又は人格のない社団等については、収益事業を行う場合、法人課税信託の引受けを行う場合又は第84条第1項（退職年金等積立金の額の計算）に規定する退職年金業務等を行う場合に限る。

2　公共法人は、前項の規定にかかわらず、法人税を納める義務がない。

3　外国法人は、第138条第1項（国内源泉所得）に規定する国内源泉所得を有するとき（人格のない社団等にあっては、当該国内源泉所得で収益事業から生ずるものを有するときに限る。）、法人課税信託の引受けを行うとき又は第145条の3（外国法人に係る退職年金等積立金の額の計算）に規定する退職年金業務等を行うときは、この法律により、法人税を納める義務がある。

---

4 個人は、法人課税信託の引受けを行うときは、この法律により、法人税を納める義務がある。

2．内国法人の課税所得等の範囲

（1）内国法人の課税所得の範囲 （法法5）

内国法人には、各事業年度の所得に対する法人税が課税されます。

法人税法第5条（内国法人の課税所得の範囲）
　内国法人に対しては、各事業年度の所得について、各事業年度の所得に対する法人税を課する。

（2）公益法人等の非課税 （法法6）

内国法人である公益法人等または人格のない社団等の各事業年度の所得のうち収益事業から生じた所得のみに対して法人税が課されます。

法人税法第6条（内国公益法人等の非収益事業所得等の非課税）
　内国法人である公益法人等又は人格のない社団等の各事業年度の所得のうち収益事業から生じた所得以外の所得については、前条の規定にかかわらず、各事業年度の所得に対する法人税を課さない。

（3）退職年金等積立金に対する法人税 （法法7）

退職年金業務等を行う内国法人に対しては、各事業年度の所得に対する法人税のほか、退職年金等積立金に対する法人税が課税されます。ただし、平成11年4月1日から令和5年3月31日までの間に開始する各事業年度は、退職年金等積立金に対する法人税は課税されません

（措法68の5）。

> **法人税法第7条（退職年金業務等を行う内国法人の退職年金等積立金の課税）**
>
> 　第84条第1項（退職年金等積立金の額の計算）に規定する退職年金業務等を行う内国法人に対しては、第5条（内国法人の課税所得の範囲）の規定により課する法人税のほか、各事業年度の退職年金等積立金について、退職年金等積立金に対する法人税を課する。

3．内国法人の納税義務者と課税所得

法人の種類	各事業年度の所得
公　共　法　人	×
公　益　法　人　等	△
協　同　組　合　等	○
人格のない社団等	△
普　通　法　人	◎

◎通常課税　○軽減税率課税　△収益事業所得のみ課税　×課税されない

4．課税所得の範囲の変更等 （法法10①）

　普通法人または協同組合等が、公益法人等に該当することとなる場合には、その該当することとなる日の前日に、普通法人または協同組合等が解散したものとみなして、欠損金の繰戻しによる還付（法法80④）の規定その他政令で定める規定を適用します。また、普通法人または協同組合等が、公益法人等に該当することとなった場合には、その該当することとなった日に、その公益法人等が設立されたものとみなして、欠損金の繰越（法法57①）などの規定その他政令で定める規

定を適用します。

※　法法8（外国法人の課税所得の範囲）および法法9（退職年金業務等を行う
外国法人の退職年金等積立金の課税）の解説は、省略します。

④　所得の帰属に関する通則

1．所得の帰属に関する通則

（1）実質所得者課税の原則 （法法11）

　法人税法は、税負担の公平性の見地から、形式的な単なる名義人に
は課税せず、実質的に利益を受ける者に対して、法人税を課税すると
規定しています。

法人税法第11条（実質所得者課税の原則）
　資産又は事業から生ずる収益の法律上帰属するとみられる者が
単なる名義人であって、その収益を享受せず、その者以外の法人
がその収益を享受する場合には、その収益は、これを享受する法
人に帰属するものとして、この法律の規定を適用する。

（2）実質所得者と名義人

①　実質所得者とは、法律上では利益を受ける者ではないが、実質的
に利益を受ける者をいいます。
②　名義人とは、法律上では利益を受ける者であるが、実質的には利
益を受けない者をいいます。

2．実質所得者課税の具体例

　契約書上は、赤字会社である子会社が業務を行い収益を得ることに
なっているが、子会社は、単なる契約書上の名義人であって、実際に

は、黒字会社である親会社がその業務のすべてを行っていたとします。この場合に、税務署は、法法11を根拠条文として、子会社の所得を減額し、親会社の所得を増額して、親会社に法人税を追加で課税することができます。

※ 法法12（信託財産に属する資産及び負債並びに信託財産に帰せられる収益及び費用の帰属）の解説は、省略します。

●●) **実務の着眼点（所得の認識について）**

実質所得者課税の原則（法法11）は、形式上の名義人ではなく、実質的に収益を享受する法人に課税するという原則です。さらに税法は、取引の名目や形態にかかわらず、その取引の実質を認識して、それに対して課税します。例えば、法人が、役員の自宅の火災保険料を経費として計上する取引は、実質的には、法人が役員に保険料分の給与を支払い、その給与で役員が火災保険料を支払った取引として認識し、その役員に対して給与の源泉所得税を課税します。このように、税法は、課税の公平の見地から、形式によらずに実質に対して課税します。

⑤ 事業年度等

1. 事業年度の意義 （法法13）

① 事業年度とは、法人の財産および損益の計算の単位となる期間（会計期間）で、法令または法人の定款等で定めるものをいいます。法人の定款等とは、法人の定款、寄附行為、規則、規約その他これらに準ずるものをいいます。

② 法令または定款等に会計期間の定めがない内国法人は、原則として、設立等の日以後2月以内に、会計期間を定めてこれを納税地の所轄税務署長に届け出なければなりません。

③ ②の届出をすべき法人（人格のない社団等を除く）が、その届出をしない場合には、納税地の所轄税務署長が指定した会計期間とな

ります。

④　②の届出をすべき人格のない社団等が、その届出をしない場合には、その会計期間は、原則として、暦年（1月1日から12月31日まで）となります。

⑤　上記①から③の法令、定款等で定められた会計年度が1年を超える場合には、その期間をその開始の日以後1年ごとに区分した各期間（最後に1年未満の期間を生じたときは、その1年未満の期間）を各事業年度とします。

👀 実務の着眼点（1年を超える会計年度）

事業年度は、原則として、法人が定款等で定める会計期間です。仮に、その法人の会計期間が、合併等により1年6月になったとしても、法人税法は、事業年度開始の日から1年を経過した日を1事業年度とします。これにより、法人税の申告および納付は、1年間ごとの事業年度で行うことになります。

2．事業年度の特例 (法法14)

事業年度の中途で、解散、合併、残余財産の確定その他一定の事実が生じた場合には、その法人の事業年度は、解散日、合併日の前日、残余財産の確定日その他一定の日に終了し、これに続く事業年度は、合併、残余財産の確定を除き、同日の翌日から開始するものとします。

3．事業年度を変更した場合等の届出 (法法15)

法人がその定款等に定める会計期間を変更し、またはその定款等において新たに会計期間を定めた場合には、遅滞なく、その変更前の会計期間および変更後の会計期間またはその定めた会計期間を納税地の所轄税務署長に届け出なければなりません。

４．事業年度のまとめ

（１）事業年度の原則

区　　分	会計期間等		事業年度
会計期間の定めあり	１年以内		その期間
	１年超		開始日から１年ごとの期間（最後は残りの期間）
会計期間等の定めなし	設立等の日以後２月以内に税務署長に届出	１年以内	その期間
		１年超	開始日から１年ごとの期間（最後は残りの期間）
	届出なし		税務署等の指示した期間（人格なき社団等は暦年）

6　納税地

１．内国法人の納税地 （法法16）

法人税法第16条（内国法人の納税地）
　内国法人の法人税の納税地は、その本店又は主たる事務所の所在地とする。

※　法法17（外国法人の納税地）の解説は、省略します。

２．納税地の指定 （法法18①）

　上記１．の納税地が、法人の事業または資産の状況からみて法人税の納税地として不適当であると認められる場合には、その納税地の所轄国税局長は、その法人税の納税地を指定することができます。

３．納税地指定の処分の取消しがあった場合の申告等の効力 (法法19)

　審査請求等の裁決等により、納税地の指定の処分の取消しがあった場合においても、その処分の取消しは、その指定処分の時からその取消しの時までの間に、その納税地を納税地としてその法人税に関してされた申告等、処分等（その取消しの対象となった処分を除く）の効力に影響を及ぼさないものとします。

４．納税地の異動の届出 (法法20)

　法人は、その法人税の納税地に異動があった場合には、その異動前の納税地の所轄税務署長にその旨を届け出なければなりません。

👀 実務の着眼点（納税地の指定の具体例）

　ある法人は、主たる事業活動のほとんどを北海道で行っていますが、商業登記簿上の本店所在地は東京都のマンションの１室としています。そのため、法人税は、本店所在地の東京都で申告しています。しかし、この法人の税務調査をするには、東京都の所轄税務署よりも北海道の税務署が行ったほうが合理的です。このような場合に、納税地の指定をすることがあります。

第 5 章

法人税の課税標準

　法人税の課税標準は、各事業年度の所得の金額です。各事業年度の所得の金額は、その事業年度の益金の額から損金の額を控除した金額です。本章では、法人税法の条文の中でも、最も重要な条文とされている法法21および法法22を解説します。法法22については、平成30年度の改正により、条文の文言での改正は最小限でしたが、条文の解釈についての重要な改正が行われました。

1 法人税の課税標準

1．内国法人の課税所得の範囲（法法5）

法人税法第5条（内国法人の課税所得の範囲）
　内国法人に対しては、各事業年度の所得について、各事業年度の所得に対する法人税を課する。

※　課税所得の範囲＝内国法人の各事業年度の所得

2．各事業年度の所得に対する法人税の課税標準（法法21）

法人税法第21条（各事業年度の所得に対する法人税の課税標準）
　内国法人に対して課する各事業年度の所得に対する法人税の課税標準は、各事業年度の所得の金額とする。

※　各事業年度の所得に対する法人税の課税標準＝各事業年度の所得の金額

3．各事業年度の所得の金額の計算の通則（法法22①）

法人税法第22条第1項
　内国法人の各事業年度の所得の金額は、当該事業年度の益金の額から当該事業年度の損金の額を控除した金額とする。

※　各事業年度の所得の金額＝益金の額－損金の額

② 益金の額

1．益金の額 (法法22②)

> **法人税法第22条第2項**
> 　内国法人の各事業年度の所得の金額の計算上、当該事業年度の益金の額に算入すべき金額は、別段の定めがあるものを除き、資産の販売、有償又は無償による資産の譲渡又は役務の提供、無償による資産の譲受けその他の取引で資本等取引以外のものに係る当該事業年度の収益の額とする。

2．法法22②の解釈の改正

　平成30年度の改正により、法法22②は、条文の文言の改正は行われませんでしたが、条文の解釈についての大改正が行われました。平成30年度改正前は、法法22②は、法人税法の本法の条文のなかで、益金の額についての唯一の明文規定であったため、この条文は、益金の額についての包括的な規定であるという解釈がありました。しかし、法法22の2の条文が新設され、益金の額の帰属時期および益金の額に算入する金額について本法で明文化されました。そのため、法法22②は、益金の額の定義（範囲）だけを規定する条文であるという解釈の変更および整備がされました。したがって、法法22②は、益金の額の定義、すなわち、何が益金の額なのか（範囲）を規定するのみで、益金の額に算入すべき収益の額の計算方法については法法22④で、益金の額の帰属時期については法法22の2①②③で、益金の額に算入する金額については法法22の2④⑤で規定することになりました。改正の経緯等については、**第7章**で解説しています。

3．益金の額の定義（範囲）

　法法22②は、益金の額の定義、つまり、何が益金になるのか（益金の範囲）を規定しています。内国法人の各事業年度の所得の金額の計算上、その事業年度の益金の額に算入すべき金額として、次の（1）から（5）の収益の額を例示して、益金の額の範囲について規定しています。

（1）資産の販売に係る収益の額

　資産の販売とは、営利を目的として継続して行われる棚卸資産（商品または製品等）の顧客への売却をいいます。棚卸資産の販売に係る収益の額は、益金の額に算入すべき金額に該当します。

（2）有償による資産の譲渡または役務の提供に係る収益の額

　有償による資産の譲渡とは、現金その他の資産の反対給付を受けて、つまり、対価を得て行う資産の譲渡をいいます。資産の譲渡とは、棚卸資産以外の資産の所有権を相手方に引き渡す取引をいいます。また、有償による役務の提供とは、対価を得て行う役務の提供をいいます。役務の提供とは、経済的な価値のあるもの（サービス）を相手方にしてあげる取引をいいます。したがって、対価を得て行う有償による資産の譲渡または役務の提供に係る収益の額は、益金の額に算入すべき金額に該当します。

（3）無償による資産の譲渡または役務の提供による収益の額

　無償による資産の譲渡または無償による役務の提供とは、対価を得ないで資産を相手方に贈与し、または、サービスをただで提供する取引をいいます。無償による取引では、現金その他の資産の給付を受けませんが、法人税法は、資産の譲渡または役務に係る対価に相当する収益の額を得たのちに、その収益の額に相当する金額を相手方に渡したものとして取り扱います。そのため、無償による資産の譲渡または無償による役務の提供による取引から生ずる対価に相当する収益の額

は、益金の額に算入すべき金額に該当します。

（4）無償による資産の譲受けによる収益の額

　無償による資産の譲受けとは、対価を支払わないで相手方から資産を取得する、つまり、ただで資産をもらう（贈与を受ける）という取引です。法人税法は、無償により資産の贈与を受けた場合には、譲り受けた資産の価額に相当する収益の額が生じたものとして取り扱います。そのため、無償による資産の譲受けによる取引に係る収益の額は、益金の額に算入すべき金額に該当します。

（5）その他の取引で資本等取引以外のものに係る収益の額

　法人税法は、上記（1）から（4）以外の取引で、資産の増加または負債の減少を生ずる取引に係る収益の額で、資本等取引以外の取引に係る収益の額は、すべて益金の額に算入すべき金額に該当すると規定しています。この規定により、益金の額の範囲にもれをなくしています。

４．公正処理基準に従って計算された収益の額

　上記3．で規定する益金の額に算入すべき収益の額は、法法22④に規定する一般に公正妥当と認められる会計処理の基準（公正処理基準）に従って計算された収益の額とします。

　ただし、法法22②の規定は、平成30年度改正により、益金の額の定義（範囲）だけを規定する条文として解釈の変更および整備が行われましたので、益金の額に算入すべき収益の額の計算方法については法法22④で規定することになりました。

５．別段の定めがあるものを除き

　法法22②において、益金の額に算入すべき金額の定義（範囲）を規定する際に、「別段の定めがあるものを除き」という文言が使われて

います。「別段の定め」とは、その規定以外の法人税法その他の法令等の別の規定（以下、「法人税法等の別の規定」という）のことをいいます。したがって、法法22②の規定は、法人税法等の別の規定で、「○○は益金の額に該当する。」または「○○は益金の額に該当しない。」と例外的に規定されている場合には、別段の定めが優先されますが、それ以外の場合には、法法22②の規定が適用されることになります。

③ 損金の額

1．損金の額 （法法22③）

法人税法第22条第3項

内国法人の各事業年度の所得の金額の計算上当該事業年度の損金の額に算入すべき金額は、別段の定めがあるものを除き、次に掲げる額とする。

一　当該事業年度の収益に係る売上原価、完成工事原価その他これらに準ずる原価の額

二　前号に掲げるもののほか、当該事業年度の販売費、一般管理費その他の費用（償却費以外の費用で当該事業年度終了の日までに債務の確定しないものを除く。）の額

三　当該事業年度の損失の額で資本等取引以外の取引に係るもの

2．損金の額の定義 （範囲）

法法22③は、損金の額の定義、つまり、何が損金になるのか（損金の額の範囲）を規定しています。内国法人の各事業年度の所得の金額の計算上、その事業年度の損金の額に算入すべき金額として、次の（1）原価の額、（2）費用の額および（3）損失の額を例示して、損

金の額の範囲について規定しています。

（1）原価の額

　原価の額は、費用収益対応の原則により、その事業年度の営業収入等の収益の額に直接対応する売上原価または製造原価およびその事業年度の資産の譲渡収入等の収益の額に直接対応する譲渡資産の譲渡直前簿価等の原価の額をいいます。原価の額は、損金の額に算入すべき金額に該当します。

（2）費用の額

　上記（1）の原価の額のように収益の額に直接に対応はしませんが、時の経過により費用化されるその事業年度の給与手当、地代家賃等の販売費および一般管理費ならびに支払利息等の営業外費用などの期間費用の額は、損金の額に算入すべき金額に該当します。ただし、償却費以外の費用で、その事業年度終了の日までに債務の確定しないものは、損金の額に算入すべき金額に該当しません。したがって、別段の定めのない引当金、準備金などは、損金の額に算入すべき金額に該当しません。

　なお、債務の確定とは、その事業年度の終了の日までに、①その費用の債務が成立し、②その債務の原因となる事実が発生し、かつ、③その金額を合理的に算定することができることをいいます（法基通2-2-12）。

（3）損失の額

　その事業年度に生じた災害等による損失額などの損失の額は、損金の額に算入すべき金額に該当します。ただし、資産の減少または負債の増加を生じさせる取引であっても資本等取引から生ずるものは損金の額に算入すべき金額に該当しません。

3. 公正処理基準に従って計算された原価、費用および損失の額

上記2. に例示された損金の額に算入すべき原価の額、費用の額および損失の額は、法法22④に規定する一般に公正妥当と認められる会計処理の基準（公正処理基準）に従って計算された原価の額、費用の額および損失の額とします。

ただし、法法22③の規定は、損金の額の定義（範囲）だけを規定する条文ですから、損金の額に算入すべき原価の額、費用の額および損失の額の計算については、法法22④で規定しています。

4. 別段の定めがあるものを除き

法法22③の規定による損金の額に算入すべき金額は、「別段の定めがあるものを除き」という文言が使われています。したがって、法法22③の規定は、法人税法等の別の規定で、「○○は損金の額に該当する。」または「○○は損金の額に該当しない。」と例外的に規定している場合には、別段の定めが優先されますが、それ以外の場合には、法法22③の規定が適用されるということになります。

④ 公正処理基準

1. 公正処理基準に従った計算 （法法22④）

法人税法第22条第4項（公正処理基準）
　第2項に規定する当該事業年度の収益の額 及び 前項各号に掲げる額は、別段の定めがあるものを除き、一般に公正妥当と認められる会計処理の基準に従って計算されるものとする。

2．益金の額および損金の額と公正処理基準

（1）益金の額および損金の額

　法法22②に規定する益金の額に算入すべき収益の額および法法22③に規定する損金の額に算入すべき原価の額、費用の額または損失の額は、一般に公正妥当と認められる会計処理の基準（公正処理基準）に従って計算されると規定されています。

　法法22④の規定は、法人税法の課税標準である所得の金額の計算方法を規定するにあたり、法人税法の税額計算の前段階である会計処理について公正処理基準に従って計算される部分については、その基準にゆだねることを規定しています。そのため、公正処理基準により計算された収益の額または原価の額、費用の額および損失の額については、法人税法は、あえて特段の規定を設けず、法人税法の計算方法が公正処理基準と異なる部分に対してのみ、法人税法の別段の定めによる規定を設けました。

（2）法人税法第22条第4項の改正

　法法22④の規定は、昭和42年の改正で、法法22①、②、③、⑤の規定に追加して新設された規定です。そのため、益金の額または損金の額の計算の基礎となる収益の額または原価の額、費用の額および損失の額のうち、法人が公正処理基準に従って計算した部分については、法人の判断と計算にゆだねることを確認するための規定という解釈もありました。しかし、上記②2．で解説したとおり、平成30年度の改正により、法法22②は、益金の額の包括的な規定ではなく、益金の額の定義（範囲）のみを規定する条文として解釈の変更および整備がされました。

　これにより、法法22④は、法法22②と切り離されて、益金の額に算入すべき収益の額および損金の額に算入すべき原価の額、費用の額または損失の額の計算方法を規定する条文として解釈の変更および整備がされました。

そのため、益金の額または損金の額の計算をする場合に、公正処理基準に従って計算された収益の額または原価の額、費用の額および損失の額に対して、別段の定めがある場合には、別段の定めが優先されることを明確にするために、法法22④においても「別段の定めがあるものを除き」の文言を追加する改正が行われました。

改正の経緯等については、**第7章**で解説しています。

👀 実務の着眼点（文言の改正のない解釈の改正）

平成30年度改正において、法法22②の条文の文言はそのままであるにもかかわらず、その解釈だけが改正されました。この解釈の改正については、立法担当者の見解が記載されている「平成30年度税制改正の解説」（第7章6 5．を参照）から読み取ることができます。しかし、条文の文言の改正のない解釈だけの改正は、条文を読むだけでは、知りようがなく、難解です。

3．公正処理基準の例示

公正処理基準の範囲について、法人税法は明文化していませんが、主に以下のものなどが該当します。

（1）企業会計原則

企業会計原則は、昭和24年7月に旧大蔵省が公表したもので、企業会計の実務において会計慣習とされてきたものの中から、一般に公正妥当と認められるものを要約した基準です。一般原則、損益計算書原則、貸借対照表原則、注解から構成されています。

（2）企業会計基準

① 企業会計基準は、金融庁が所轄する財団法人財務会計基準機構の企業会計基準委員会が、平成14年2月に第1号を公表した会計基準です。公認会計士、監査法人により、財務諸表が一般に公正妥当と

認められる企業会計の基準に準拠している旨の監査報告を受けるためには、この企業会計基準に従った会計処理が求められます。監査対象法人とは、大会社（資本金 5 億円以上または負債総額200億円以上の株式会社）、上場会社などです。

②　収益認識に関する会計基準（企業会計基準第29号）は、平成30年 3 月に公表された企業会計基準です。令和 3 年 4 月 1 日以後開始する会計年度で、監査対象法人に強制適用されました。監査対象法人以外の法人は、従前の企業会計原則等によることもできますので、収益の認識については、公正処理基準が複数存在することになりました。

（3）会社法

会社法は、商法、商法特例法、有限会社法などの会社に関する法律を統合して平成18年 5 月に施行された法律です。会社法は、株式会社や持株会社の設立や運営、会社の仕組みなどを規定しています。

5　資本等取引

1 ．資本等取引の意義 （法法22⑤）

> **法人税法第22条第 5 項（資本等取引）**
> 　第 2 項又は第 3 項に規定する資本等取引とは、法人の資本金等の額の増加又は減少を生ずる取引並びに法人が行う利益又は剰余金の分配（資産の流動化に関する法律第115条第 1 項（中間配当）に規定する金銭の分配を含む。）及び残余財産の分配又は引渡しをいう。

2 ．資本等取引の例示

法法22⑤は、資本等取引の定義、つまり、何が資本等取引になるの

か（資本等取引の範囲）を規定しています。資本等取引は、法法22②に規定する益金の額に算入すべき収益の額の定義および22③に規定する損失の額の定義で、益金の額または損金の額に算入される金額から除かれるものを生じさせる取引をいいます。資本等取引の定義（範囲）については、次の（1）から（5）の取引を例示して、その範囲について規定しています。

（1）資本金等の額の増加を生ずる取引

資本金等の額とは、法人が株主等から出資を受けた金額をいいます。法人の資本金等の額の増加を生ずる取引の具体例は増資です。増資とは、株主等から追加の出資を受け資本金等を増加させる取引です。増資により、法人の資産の増加を生じさせ、株主資本を増加させる資本等取引です。

（2）資本金等の額の減少を生ずる取引

資本金等の額の減少を生ずる取引の具体例は減資です。減資とは、資本金を出資した株主等に金銭等を払い戻し、資本金等を減少させる取引です。減資により、法人の資産の減少を生じさせ、株主資本を減少させる資本等取引です。

（3）法人が行う利益または剰余金の分配の取引

利益または剰余金の分配の取引とは、法人が利益積立金（課税済みの利益）を株主等に対して、持株割合等に応じて分配する取引です。以下の①から③は、いずれも法人の利益積立金額の分配をする取引に該当しますので、資本等取引に該当します。

①　**剰余金の配当**　　株式会社の株主への利益の配当
②　**利益の配当**　　　持分会社（合名会社、合資会社、合同会社）の持分に応じた利益の配当
③　**剰余金の分配**　　協同組合等の出資分量分配金

（4）資産の流動化に関する法律に規定する金銭の分配の取引

資産の流動化に関する法律第115条第1項（中間配当）に規定する金銭の分配は、同条第5項において利益の配当とみなされていて、特定目的法人の利益または剰余金を分配する取引とされていますので、資本等取引に該当します。

（5）残余財産の分配または引渡しの取引

残余財産とは、解散した法人が、清算事業年度において、所有するすべての資産を換金化し、すべての負債の支払をした後に残った財産をいいます。清算人は、この残余財産を出資割合に応じて株主等に分配します。ただし、この残余財産の分配という取引は、実質的には、株主の出資した資本金の払戻しである減資の取引と法人の利益積立金の分配（みなし配当）の2つの取引となります。そのため、残余財産の分配は、資本等取引に該当します。

また、残余財産の引渡しは、残余財産である資産を換金化せずに資産のまま、株主等に分配することをいいます。この場合には、その資産を、株主等に時価で譲渡し、その金額をすべて株主等に分配したものとして法人税を課税します。

⑥　法法22の条文の構成のまとめ

平成30年度の改正をふまえて、法法22の各項の規定の趣旨と規定の内容をまとめました。もう一度、法法22の条文の構成を確認してください。

1．法法22①（各事業年度の所得の金額の計算方法）

（1）　規定の趣旨

平成30年度改正により、この規定は内国法人の各事業年度の所得に対する法人税の課税標準である各事業年度の所得の金額の計算方法を

規定する条文として、文言の改正のない解釈の改正が行われました。

（2）規定の内容

　　各事業年度の所得の金額 ＝ 益金の額 － 損金の額

2．法法22② （益金の額の定義）

（1）規定の趣旨

　平成30年度改正により、この規定は、法人税の課税標準である各事業年度の所得の金額の計算上、益金の額に算入すべき金額の定義、何が益金になるのか（益金の範囲）を規定する条文として、文言の改正のない解釈の改正が行われました。

（2）規定の内容

　益金の額に算入すべき金額は、益金の定義（範囲）についての別段の定めがあるものを除き、以下に例示する収益の額とします。
　①　資産の販売に係る収益の額
　②　有償による資産の譲渡または役務の提供に係る収益の額
　③　無償による資産の譲渡または役務の提供による収益の額
　④　無償による資産の譲受けによる収益の額
　⑤　その他の取引で資本等取引以外のものに係る収益の額

3．法法22③ （損金の額の定義）

（1）規定の趣旨

　法人税の課税標準である各事業年度の所得の金額の計算上、損金の額に算入すべき金額の定義、何が損金になるのか（損金の範囲）を規定しています。

（2）規定の内容

　損金の額に算入すべき金額は、損金の定義（範囲）についての別段の定めがあるものを除き、以下に例示する額とします。

①　その事業年度の収益の額に係る売上原価、完成工事原価その他これらに準ずる原価の額

②　①のほか、その事業年度の販売費、一般管理費その他の費用の額

※　ただし、償却費以外の費用でその事業年度終了の日までに債務の確定しない費用は除かれます。

③　その事業年度の損失の額で資本等取引以外の取引に係るもの

4．法法22④（公正処理基準による計算）

（1）規定の趣旨

　平成30年度の改正により、「別段の定めがあるものを除き」という文言が追加され、法人税の課税標準である各事業年度の所得の金額の計算上、益金の額に算入すべき収益の額または損金の額に算入すべき原価の額、費用の額または損失の額の計算の計算方法を規定する通則となりました。

（2）規定の内容

　平成30年度の改正により、「別段の定めがあるものを除き」という文言が追加され、法人税の課税標準である各事業年度の所得の金額の計算上、益金の額に算入すべき収益の額または損金の額に算入すべき原価の額、費用の額または損失の額は、益金の額または損金の額についての計算についての別段の定めがあるものを除き、公正処理基準に従って計算されるものとしています。

5．法法22⑤（資本等取引の意義）

（1）規定の趣旨

　益金の額および損失の額に該当しない取引である資本等取引の定義（資本等取引の範囲）を規定する通則となりました。

（2）規定の内容

　資本等取引とは、以下に例示する取引をいいます。
①　資本金等の額の増加を生ずる取引
②　資本金等の額の減少を生ずる取引
③　法人が行う利益または剰余金の分配の取引
④　資産の流動化に関する法律第115条第1項に規定する金銭の分配
⑤　残余財産の分配または引渡し

第 6 章

法人税申告書と
申告調整

　法人税の課税標準は、条文上では、その事業年度の益金の額から損金の額を控除して計算します。しかし、実務上は、法人の確定した決算に基づく利益金額に対して、法人税申告書別表四において申告調整を行うことにより所得金額を算出します。つまり、益金の額と損金の額を集計しなおして所得金額を算出するのではなく、確定した決算に基づく利益金額の基礎となった収益の額または原価、費用および損失の額と法人税法が規定する益金の額または損金の額とで、金額が異なる部分だけを加算または減算して所得金額を算出します。とても合理的で、かつ、効率的な計算方法です。

1 申告調整による課税標準の計算

1．実務上の法人税の課税標準の計算

（1）条文上の所得金額の計算

　内国法人の各事業年度の所得に対する法人税法の課税標準である各事業年度の所得の金額は、法法22①で、その事業年度の益金の額からその事業年度の損金の額を控除した金額とすると規定されています。しかし、実務上は、法人税申告書の別表四（所得の金額の計算に関する明細書）において一般に公正妥当と認められる会計処理の基準に従って計算された確定した決算に基づく利益金額に対して、申告調整という方法をとることにより算出します。申告調整には、加算項目である益金算入と損金不算入、減算項目である益金不算入と損金算入の調整があります。

（2）所得金額の算出の流れ

（確定決算利益）　　±　（別表四　申告調整）　＝　（法人税所得金額）

	加算	益金算入	法人税法の所得の金額
確定した決算に基づく当期利益金額		損金不算入	
		税務調整不要部分（会計＝法人税）	
	減算	益金不算入	
		損金算入	

2．確定した決算に基づく利益

（1）確定した決算利益の計算

　企業の利益金額とは、株主、債権者などの利害関係者等に対して企

業の財政状態および経営成績を開示することを目的として計算される会計上の利益金額をいいます。利益金額は、公正処理基準に従って財務諸表を作成することにより計算されます。財務諸表とは、貸借対照表、損益計算書、株主資本等変動計算書、附属明細書等です。利益金額は、株主総会等の承認を受けることにより確定した決算に基づく利益金額とされます。

（2）企業利益の算出の流れ

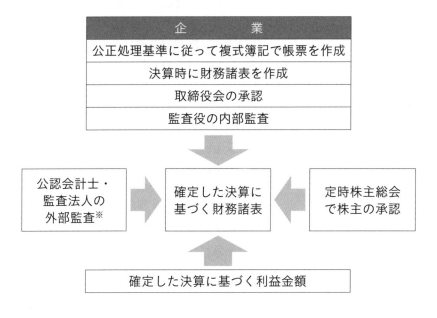

※　資本金5億円以上または負債総額200億円以上の大法人または上場企業等は、公認会計士または監査法人の監査を受けなければなりません。

② 　申告調整の意義

1．税務調整

法人税法の課税標準である所得金額を算出するための調整方法を、

税務調整といいます。税務調整には、決算調整と申告調整があります。税務調整という用語は、法律で規定している用語ではありません。そのため、申告調整のことだけを税務調整ということもあります。

（1）決算調整

　法人税法は、減価償却資産の償却費について、法法31で、法人が確定した決算において費用または損失として経理した金額（損金経理額）のうち、法人税法で規定する償却限度額に達するまでの金額を損金の額に算入すると規定しています。そのため、法人が確定した決算において損金経理した償却費の額が、償却限度額以下であればその損金経理額が損金の額に算入され、償却限度額を超えていれば償却限度額が損金の額に算入されます。このように、確定した決算における損金経理額によって法人税法上の損金算入額の調整ができることになります。したがって、確定した決算において、事前に損金経理額などを決めて、法人税の所得金額の計算上、損金の額に算入される費用または損失の金額を調整することなどを、決算調整といいます。

（2）申告調整

　申告調整とは、法人税法の所得金額を算定するために、公正処理基準に従って計算された確定した決算に基づく利益金額に対して、法人税法別表四において行う税務調整です。具体的には、確定した決算に基づく収益または利益の金額と法人税法の規定によって計算された益金の額とで差額が生じた場合には、その差額の部分の金額のみを加算または減算して調整し、確定した決算に基づく費用または損失の金額と法人税法上の規定によって計算された損金の額とで差異が生じた場合には、その差額の部分の金額のみを加算または減算して調整する方法です。

2．申告調整の3つの分類

（1）益金の額に対する申告調整か、損金の額に対する申告調整かの分類

①　益金算入項目（加算項目）

　確定決算では収益または利益ではないが、法人税法上は益金に算入される申告調整

　（具体例）「売上計上もれ」など

②　損金不算入項目（加算項目）

　確定決算では費用または損失だが、法人税法上は損金に算入されない申告調整

　（具体例）「寄附金の損金不算入額」など

③　益金不算入項目（減算項目）

　確定決算では収益または利益だが、法人税法上は益金に算入されない申告調整

　（具体例）「受取配当金等の益金不算入額」、「収用等の特別控除」など

④　損金算入項目（減算項目）

　確定決算では費用または損失ではないが、法人税法上は損金に算入される申告調整

　（具体例）「仮払寄附金認定損」など

（2）申告調整が任意か、必須かの分類

①　任意的申告調整

　任意的申告調整は、申告調整をするかしないかを、法人の任意とする申告調整項目をいいます。主に、法人が申告調整をすることにより、所得金額が減少して法人にとって申告調整をしたほうが有利となる調整項目です。

　（具体例）「受取配当等の益金不算入額」など

② 必須的申告調整の意義

　必須的申告調整とは、申告調整を必ずしなければならない申告調整項目をいいます。したがって、法人が、所得金額の計算上、申告調整をしなかった場合には、税務調査などにより、申告調整をした修正申告書等の提出などを要求される申告調整項目です。

　（具体例）「寄附金の損金不算入額」、「減価償却超過額」など

（3）法人税法上の利益積立金額の増加または減少を生じさせるかによる分類

① 留保項目（加算項目または減算項目）

　留保項目は、法人税法上の利益積立金額の増減を生じさせる申告調整項目をいいます。加算留保項目は、法人の資産の増加または負債の減少を生じさせます。また、減算留保項目は、法人の資産の減少または負債の増加を生じさせます。そのため、留保項目の申告調整額は、法人税申告書別表四から別表五（一）に転記して、確定した決算に基づく利益剰余金に、加算または減算され、法人税法上の利益積立金額を算出します。

② 社外流出項目（加算項目）

　法人が確定した決算において損金経理した、既に債務の確定している費用または損失ですが、法人税法が別段の定めにより、法人税の所得の金額の計算上、損金に算入させずに加算調整する申告調整項目です。加算調整項目ですが、法人税法上の利益積立金額の増加を生じさせないため、別表五（一）に転記しません。

③ 課税外収入項目（減算項目）

　法人が確定した決算において収益計上した収益または利益ですが、法人税法が別段の定めにより、法人が申告調整をした場合に限り、法人税の所得の金額の計算上、益金に算入させずに減算調整する申告調整項目です。減算調整項目ですが、法人税法上の利益積立金額の減少を生じさせないため、別表五（一）に転記しません。

③　申告調整の具体例

1.「売上計上もれ」（法法22の2①）

（1）会計処理と税務の取扱い

　法人税法は、収益の額の計上時期について、資産の販売等に係る収益の額は、別段の定めがあるものを除き、その資産の販売等に係る目的物の引渡しの日または役務の提供の日の属する事業年度の所得の金額の計算上、益金の額に算入すると規定しています。そのため、事業年度末日に得意先に引き渡した商品の売上高が、その事業年度の売上高に計上されていない場合には、申告調整により、別表四において加算の処理をしなければなりません。また、税務上の利益積立金額を増加（資産の増加）させる加算留保項目ですので、別表五（一）において、売掛金の増加の処理をします。

（2）会社の処理と税務の処理(売上計上もれ額1,000万円の場合)

- ①　会社の仕訳　仕訳なし
- ②　税務の仕訳　（売掛金）1,000 ／（売上高）1,000
- ③　申告調整額　「売上計上もれ」　1,000（加算・留保）

（3）「売上計上もれ」の分類

- ①　確定決算の収益を増加させる益金算入（加算）項目の申告調整
- ②　必須的申告調整項目
- ③　資産（売掛金）を増加させる留保項目の申告調整

（4）別表四の処理

　「売上計上もれ」1,000（加算・留保）

（5）別表五（一）の処理

　「売掛金」　1,000（資産の増加）

◉◉ 実務の着眼点（期ずれ売上）

物の引渡しを要する収益の帰属時期の原則は、引渡基準です。３月決算法人が前月21日から当月20日に、引き渡した商品の請求を当月末までにして得意先に翌月末までにその代金を支払ってもらうという20日〆による請求をする場合があります。ただし、法人税法の収益の帰属時期は引渡基準ですから、翌々月請求分のうち当月21日から月末までに引き渡した商品の請求額は、当月の収入金額になります。期をまたぐ売上の計上時期のずれを実務では「期ずれ」といいますが、これを計上し忘れて法人税の申告をした場合には、期ずれ売上を申告調整した修正申告をする必要があります。

２．「寄附金の損金不算入額」(法法37①)

（１）　会計処理と税務の取扱い

　法人税法は、寄附金の損金算入額について、支出した寄附金の額の合計額のうち、一定の損金算入限度額を超える部分の金額は、その事業年度の所得の金額の計算上、損金の額に算入しない、と規定しています。そのため、一定の損金算入限度額を超える部分の寄附金の額の金額は、申告調整により、別表四において加算の処理をしなければなりません。ただし、税務上の利益積立金額を減少させない社外流出項目ですから、別表五（一）の処理は必要ありません。

（２）　会社の処理と税務の処理（支出寄附金合計額1,000万円、損金算入限度額200万円の場合）

① 　会社の仕訳　　（寄附金）1,000 ／（現預金）1,000
② 　税務の仕訳　　仕訳なし
③ 　申告調整額　　「寄附金の損金不算入額」800（加算・社外流出）

（3）「寄附金の損金不算入額」の分類

① 確定決算の費用を減少させる損金不算入（加算）項目の申告調整
② 必須的申告調整項目
③ 税務上の利益積立金を増加させない社外流出項目の申告調整

（4）　別表四の処理

「寄附金の損金不算入額」　800（加算・社外流出）

（5）　別表五（一）の処理

なし

3.「受取配当等の益金不算入」(法法23①)

（1）　会計処理と税務の取扱い

　法人税法は、受取配当等の益金不算入額について、完全子法人株式（配当計算の全期間100% 保有している子会社の株式）の配当等の額を受けるときは、その配当等の額は、その事業年度の所得の金額の計算上、益金の額に算入しないと規定しています。そのため、完全子法人から受ける配当等の額は、親会社が益金不算入の申告調整を選択適用し、別表四において減算処理をした場合には益金の額に算入されません。また、税務上の利益積立金額を増加させない課税外収入項目ですから、別表五（一）の処理は必要ありません。

（2）　会社の処理と税務の処理（受取配当金300万円の場合）

① 会社の仕訳　（現預金）300 ／（受取配当金）300
② 税務の仕訳　仕訳なし
③ 申告調整額　「受取配当等の益金不算入額」300（減算・課税外収入※）

※ 課税外収入の申告調整項目は、別表四においては、社外流出の列に※印をつけて記載する税務慣行となっていますので、このような表示をします。

（3）「受取配当等の益金不算入額」の分類

① 確定決算の収益を減少させる益金不算入（減算）項目の申告調整
② 任意的申告調整項目
③ 税務上の利益積立金を減少させない課税外収入項目の申告調整

（4） 別表四の処理

「受取配当等の益金不算入額」300（減算・課税外収入）

（5）別表五（一）の処理

なし

4．「仮払寄附金認定損」（法基通9-4-2の3）

（1）会計処理と税務の取扱い

　法人税法は、寄附金の損金不算入額について、支出した寄附金の額は、その事業年度で支払った寄附金の額を対象とするため、法人が支払った寄附金の額を仮払金等として経理した場合には、その寄附金はその支払った事業年度において支出したものとして損金不算入の規定を適用すると規定しています。そのため、仮払金等経理された寄附金の額は、別表四で減算の申告調整をして損金算入させ、その仮払寄附金を含めてその事業年度の寄附金の損金算入限度額を計算し、損金不算入額を算出します。

（2）会社の処理と税務の処理（支出寄附金を仮払金500万円と経理した場合）

① 会社の仕訳　（仮払金）500／（現預金）500
② 税務の仕訳　（寄附金）500／（仮払金）500
③ 申告調整額　「仮払寄附金認定損」500（減算・留保）

（3）「仮払寄附金認定損」の分類

①　確定決算で計上していない費用を増加させる損金算入（減算）
項目の申告調整

②　必須的申告調整項目

③　資産（仮払金）を減少させる減算留保項目の申告調整

（4）　別表四の処理

「仮払寄附金認定損」500（減算・留保）

※　その事業年度の支出寄附金の額に含めて、寄附金の損金不算入額の計算をします。

（5）　別表五（一）の処理

「仮払金」　500（減算）

👀👀 実務の着眼点（損金算入の申告調整）

申告調整のうち、確定決算では費用または損失ではないが、法人税法上は損金に算入される損金算入の申告調整の種類は少ないです。売上計上もれの申告調整をする場合の売上高に直接対応する原価の額、交際費等の損金不算入の計算をする場合の未払交際費の認定損および寄附金の限度額計算をする場合の仮払寄附金の認定損など、法人税の所得の金額の計算上、加算項目の申告調整に対応するものがほとんどです。所得の金額を減らす減算項目ですから限定されています。

4 法人税申告書 別表四の意義

1．法人税申告書別表四の意義

（1）別表四の構成

　別表四（所得の金額の計算に関する明細書）は、法人税法上の損益計算書に該当します。P.96の別表四を参考にしてください。

　別表四は、「区分」、「①総額」、「②留保」、「③社外流出」の4列からなっています。

　また、1行目は、「当期利益又は当期欠損の額」の行で、それ以下に法人税法の別段の定めによる加算または減算の申告調整項目を記載する行が続きます。最後の行が、法人税の課税標準である「所得金額又は欠損金額」となっています。

（2）別表四の意義

① 確定決算利益

　別表四の1行目の①総額の列と②留保の列に、公正処理基準に従って計算された確定決算に基づく損益計算書の当期利益金額または当期損失金額を転記します。そして、この当期利益金額または当期損失金額を基礎として、法人税法の別段の定めによる申告調整を行うことによって、法人税の所得の金額を計算します。

② 留保項目、社外流出項目および課税外収入項目

　留保項目の申告調整額は、①総額の列と②留保の列に記載します。また、社外流出項目の申告調整額は、①総額の列と③社外流出の列に記載します。さらに、課税外収入項目の申告調整額は、①総額の列と③社外流出の列に※印を付けて記載します。別表四の作成後に、②留保の列の金額は、法人税法上の利益積立金額を計算するために、別表五（一）に転記されます。

（3）税務上の損益計算書

　別表四は、確定決算に基づく損益計算書の当期利益金額または当期損失金額を基礎として法人税の所得の金額を計算します。つまり、1行目の当期利益金額または当期損失金額の上には、実は、損益計算書があり、売上高、売上原価、販売費および一般管理費、営業外損益、特別損益が存在しているのです。しかし、あえて損益計算書のすべてを表示することはせずに省略して、損益計算書の一番最後の当期利益金額または当期損失金額のみを記載しています。

２．別表四の申告調整項目の名称

　別表四は、確定した決算に基づく当期利益金額に対して申告調整を行います。申告調整項目の名称は、損益計算書の勘定科目に、申告調整により加算または減算する理由がわかるような文言を付け加えて表現します。この調整項目名については、厳格な定めがあるわけではありませんので、その内容を適切に表現していれば問題ありません。しかし、法人税の条文の引用や別表四にプレプリントされている調整項目名など、慣用的に用いられている調整項目名もありますので、主なものを以下に例示します。

（1）　損金計上〇〇

　当期において、法人が確定した決算において、損金経理した損金不算入の租税公課を申告調整で加算するときに用います。
　（具体例）損金計上法人税、損金計上住民税、損金計上附帯税等、
　　　　　損金計上罰金等など

（2）〇〇損金不算入額

　当期において、法人が確定した決算において、損金経理した費用または損失で、税法上の損金算入限度額を超える部分の金額を、申告調整で加算するときに用います。

（具体例）寄附金の損金不算入額、交際費等の損金不算入額など

（３）○○超過額

　当期において、法人が確定した決算において、損金経理した金額のうち税法上の損金算入限度額に達するまでの金額が損金に算入される償却費などで、損金経理額が償却限度額を超える部分の金額を、申告調整で加算処理するときに用います。

　（具体例）減価償却超過額、繰延資産償却超過額など

（４）○○計上もれ

　当期において、法人が確定した決算において収益計上しなかった収益または利益で、益金の額に算入すべきものを、申告調整で加算するときに用います。

　（具体例）売上計上もれ、土地受贈益計上もれなど

（５）○○認容

　前期以前の申告調整で、加算処理された申告調整項目について、当期において、法人が受入仕訳の計上をした場合に、申告調整で減算処理するときに用います。

　（具体例）　前期売上計上もれ認容、減価償却超過額認容など

（６）○○認定損

　当期において、法人が確定した決算において損金経理しなかった費用または損失で、必須的申告調整項目の申告調整をするため損金算入すべきものを、申告調整で減算処理するときに用います。

　（具体例）未払交際費認定損、仮払寄附金認定損など

（７）○○認定損否認

　前期以前の申告調整で、○○認定損として減算処理した申告調整項目について、当期において、法人が受入仕訳を計上した場合に、申告調整で加算処理するときに用います。

（具体例）前期未払交際費認定損否認、前期仮払寄附金認定損否認
　　　　など

（8）○○否認

　当期において、法人が確定した決算において損金経理した費用または損失で、損金の額に算入できないものを、申告調整で加算処理するときに用います。

　（具体例）貸倒損失否認、架空外注費否認など

◉◉ 実務の着眼点（受入仕訳）

受入仕訳の計上とは、各事業年度において、法人が、必須的申告調整をした税務の仕訳を、翌事業年度以降の確定した決算において計上することをいいます。例えば、当期に売上計上もれがあった場合には、税務は、借方（売掛金）貸方（売上高）という仕訳を計上し、借方の売掛金は、別表五（一）で資産である「売掛金」の増加とし、貸方の売上高は、別表四で「売上げ計上もれ」（加算・留保）として申告調整します。

法人が、翌期以降にこの仕訳を確定した決算で計上することを、受入仕訳をする、といいます。受入仕訳をすると、法人税は、先の税務の仕訳の逆仕訳、借方（売上高）貸方（売掛金）という仕訳を計上し、借方の売上高は、別表四で「前期売上高認容」（減算・留保）とし、貸方の売掛金は、別表五（一）で資産である「売掛金」の減少とします。これにより、別表四で、翌期に受入仕訳により計上された売上高が減算され、別表五（一）の売掛金の残高がゼロになり、税務と会計の不一致が解消されます。

所得の金額の計算に関する明細書

事業年度　　・　・　　　法人名

別表四　令四・四・一以後終了事業年度分

区分	総額①	処分 留保②	処分 社外流出③	
当期利益又は当期欠損の額	1	円	円	配当	円
				その他	
加算 損金経理をした法人税及び地方法人税（附帯税を除く。）	2				
損金経理をした道府県民税及び市町村民税	3				
損金経理をした納税充当金	4				
損金経理をした附帯税（利子税を除く。）、加算金、延滞金（延納分を除く。）及び過怠税	5			その他	
減価償却の償却超過額	6				
役員給与の損金不算入額	7			その他	
交際費等の損金不算入額	8			その他	
通算法人に係る加算額（別表四付表「5」）	9			外※	
	10				
小計	11			外※	
減算 減価償却超過額の当期認容額	12				
納税充当金から支出した事業税等の金額	13				
受取配当等の益金不算入額（別表八（一）「13」又は「26」）	14			※	
外国子会社から受ける剰余金の配当等の益金不算入額（別表八（二）「26」）	15			※	
受贈益の益金不算入額	16			※	
適格現物分配に係る益金不算入額	17			※	
法人税等の中間納付額及び過誤納に係る還付金額	18				
所得税額等及び欠損金の繰戻しによる還付金額等	19			※	
通算法人に係る減算額（別表四付表「10」）	20			※	
	21				
小計	22			外※	
仮計 (1)+(11)-(22)	23			外※	
対象純支払利子等の損金不算入額（別表十七（二の二）「29」又は「34」）	24			その他	
超過利子額の損金算入額（別表十七（二の三）「10」）	25	△		※	△
仮計 (23)から(25)までの計	26			外※	
寄附金の損金不算入額（別表十四（二）「24」又は「40」）	27			その他	
沖縄の認定法人又は国家戦略特別区域における指定法人の所得の特別控除額又は第33条第8項の金額の益金算入額（別表十（一）「15」若しくは別表十（二）「10」又は別表十（一）「16」若しくは別表十（二）「11」）	28			※	
法人税額から控除される所得税額（別表六（一）「6の③」）	29			その他	
税額控除の対象となる外国法人税の額（別表六（二の二）「7」）	30			その他	
分配時調整外国税相当額及び外国関係会社等に係る控除対象所得税額等相当額（別表六（五の二）「5の②」＋別表十七（三の六）「1」）	31			その他	
組合等損失額の損金不算入額又は組合等損失超過合計額の損金算入額（別表九（二）「10」）	32				
対外船舶運航事業者の日本船舶による収入金額に係る所得の金額の損金算入額又は益金算入額（別表十（四）「20」、「21」又は「23」）	33			※	
合計 (26)+(27)±(28)+(29)+(30)+(31)+(32)±(33)	34			外※	
契約者配当の益金算入額（別表九（一）「13」）	35				
特定目的会社等の支払配当又は特定目的信託に係る受託法人の利益の分配等の損金算入額（別表十（八）「13」、別表十（九）「11」又は別表十一「33」若しくは別表十一「33」）	36	△	△		
中間申告における繰戻しによる還付に係る災害損失欠損金額の益金算入額	37			※	
非適格合併又は残余財産の全部分配等による移転資産等の譲渡利益額又は譲渡損失額	38			※	
差引計 (34)から(38)までの計	39			外※	
更生欠損金又は民事再生等評価換えが行われる場合の再生等欠損金の損金算入額（別表七（三）「9」又は「21」）	40	△		※	△
通算対象欠損金額の損金算入額又は通算対象所得金額の益金算入額（別表七の三「5」又は「11」）	41			※	
当初配賦欠損金控除額の益金算入額（別表七（二）付表一「23の計」）	42			※	
差引計 (39)+(40)±(41)+(42)	43			外※	
欠損金又は災害損失金等の当期控除額（別表七（一）「4の計」＋別表七（四）「10」）	44	△		※	△
総計 (43)+(44)	45			外※	
新鉱床探鉱費又は海外新鉱床探鉱費の特別控除額（別表十（三）「43」）	46	△		※	△
農業経営基盤強化準備金積立額の損金算入額（別表十二（十四）「10」）	47	△	△		
農用地等を取得した場合の圧縮額の損金算入額（別表十二（十四）「43の計」）	48	△	△		
関西国際空港用地整備準備金積立額、中部国際空港整備準備金積立額又は再投資等準備金積立額の損金算入額（別表十二（十一）「15」、別表十二（十二）「10」又は別表十二（十五）「11」）	49	△	△		
特別新事業開拓事業者に対し特定事業活動として出資をした場合の特別勘定繰入額の損金算入額又は特別勘定取崩額の益金算入額（別表十（六）「15」、「11」）	50			※	
残余財産の確定の日の属する事業年度に係る事業税及び特別法人事業税の損金算入額	51	△	△		
所得金額又は欠損金額	52			外※	

⑤　法人税申告書 別表五（一）の意義

1．法人税申告書別表五（一）の意義

（1）別表五（一）の構成

　法人税申告書の別表五（一）（利益積立金額及び資本金等の額の計算に関する明細書）は、法人税法上の貸借対照表に該当します。P.99の別表五（一）を参考にしてください。

　別表五（一）は、上2/3部分には、Ⅰ利益積立金額の計算に関する明細書（以下、「利益積立金額明細書」という）が表記され、下1/3部分には、Ⅱ資本金等の額の計算に関する明細書（以下、「資本金等明細書」という）が表記されていて、2つの計算書からなっています。

（2）別表五（一）の意義

①　利益積立金明細書の意義

　利益積立金額明細書は、確定した決算に基づく貸借対照表の利益剰余金額を転記して、これを基礎として法人税法上の利益積立金額を算出する明細書です。

　まず、別表四から、税務上の利益剰余金の増減を生じさせる申告調整項目である留保金額を別表五（一）に転記します。具体的には、別表四で留保された資産科目または負債科目を別表五（一）に転記し、それぞれの科目に加算額または減算額を記載します。

　さらに、法人税額、地方法人税額および法人住民税額を転記して、当期末の未払法人税額、未払地方法人税額および未払法人住民税額（未払法人税額等）を算出します。

　そして、確定決算に基づく利益剰余金額に、留保金額を加算または減算し、未払法人税額等を控除して、法人税法上の利益積立金額を算出します。

　したがって、別表五（一）には、確定決算に基づく貸借対照表の資

産科目または負債科目の金額に対して、留保項目の申告調整により加算または減算され、法人税法と確定決算とで不一致となっている貸借対照表科目のみが表示されることになります。

② 資本金等明細書の意義

資本金等明細書は、確定決算に基づく資本金等の金額を転記して、これを基礎として法人税法上の資本金等の金額を算出する明細書です。利益剰余金の資本組入れなどの特別な取引がない場合には、確定決算の資本金等と税務上の資本金等は一致しています。

（3）税務上の貸借対照表

別表五（一）は、確定決算に基づく貸借対照表から転記された資本の部の金額を基礎として計算をします。したがって、実は、別表五（一）の左側には貸借対照表の資産の部が、別表五（一）の上側には貸借対照表の負債の部が存在しているのです。しかし、あえて貸借対照表のすべてを表示することはせずに省略して、確定した決算の資本の部の残額と法人税法と確定決算とで不一致となった部分の金額のみを、別表五（一）に表示しています。

2．別表五（一）の申告調整項目の名称

別表五（一）は、法人税法上の貸借対照表に該当します。そのため、別表五（一）の申告調整項目の名称は、すべて貸借対照表の資産、負債および資本の部の勘定科目そのものを用います。

◆法人税申告書 別表五（一）

利益積立金額及び資本金等の額の計算に関する明細書		事業年度	・ ・ ・ ・	法人名			別表五(一)

Ⅰ 利益積立金額の計算に関する明細書

区　　分		期首現在利益積立金額 ①	当　期　の　増　減		差引翌期首現在利益積立金額 ①-②+③
			減 ②	増 ③	④
利　益　準　備　金	1	円	円	円	円
積　立　金	2				
	3				
	4				
	5				
	6				
	7				
	8				
	9				
	10				
	11				
	12				
	13				
	14				
	15				
	16				
	17				
	18				
	19				
	20				
	21				
	22				
	23				
	24				
繰越損益金（損は赤）	25				
納　税　充　当　金	26				
未納法人税及び未納地方法人税（附帯税を除く。）	27	△	△	中間 △ 確定 △	△
未払通算税効果額（附帯税の額に係る部分の金額を除く。）	28			中間 確定	
未納道府県民税（均等割額を含む。）	29	△	△	中間 △ 確定 △	△
未納市町村民税（均等割額を含む。）	30	△	△	中間 △ 確定 △	△
差　引　合　計　額	31				

Ⅱ 資本金等の額の計算に関する明細書

区　　分		期首現在資本金等の額 ①	当　期　の　増　減		差引翌期首現在資本金等の額 ①-②+③
			減 ②	増 ③	④
資本金又は出資金	32	円	円	円	円
資　本　準　備　金	33				
	34				
	35				
差　引　合　計　額	36				

御注意

この表は、通常の場合には次の算式により検算ができます。

期首現在利益積立金額合計「31」① ＋ 別表四留保所得金額又は欠損金額「52」 － 中間分・確定分の法人税等、道府県民税及び市町村民税の合計額 ＝ 差引翌期首現在利益積立金額合計「31」④

中間分・確定分の通算税効果額の合計額

99

6 申告調整項目のまとめ

	申告調整項目	申告調整分類				条　文
1	受取配当等の益金不算入	益金	減算	任意	外※	法法23〜24
2	資産の評価益の益金不算入	益金	減算	必須	留保	法法25
3	還付金等の益金不算入	益金	減算	必須	留保	法法26〜27
4	棚卸資産の損金算入・不算入	損金	加減算	必須	留保	法法29
5	減価償却資産の償却費の計算	損金	加算	必須	留保	法法31
6	繰延資産の償却費の計算	損金	加算	必須	留保	法法32
7	資産の評価損の損金不算入等	損金	加算	必須	留保	法法33
8	役員給与の損金不算入	損金	加算	必須	社流	法法34
9	過大な使用人給与の損金不算入	損金	加算	必須	社流	法法36
10	寄附金の損金不算入	損金	加算	必須	社流	法法37
11	法人税額等の損金不算入	損金	加算	必須	留保	法法38
12	控除所得税額の損金不算入（注）	損金	加算	任意	社流	法法40
13	控除外国税額の損金不算入（注）	損金	加算	任意	社流	法法41〜41の2
14	圧縮記帳の超過額の損金不算入	損金	加算	必須	留保	法法42〜50
15	貸倒引当金の超過額の損金不算入	損金	加算	必須	留保	法法52
16	青色欠損金の繰越控除の損金算入	損金	減算	必須	外※	法法57
17	交際費等の損金不算入	損金	加算	必須	社流	措法61の4
18	収用等の特別控除の損金算入	損金	減算	任意	社流	措法65の2

※　法人税額の計算において、任意適用である「所得税額控除」、「外国税額控除」の適用を受ける場合に、必須的申告調整項目となる。

第 **7** 章

収益認識の新基準と法人税の改正

　平成30年3月30日に、企業会計基準委員会が公表した収益認識の新基準は、監査対象法人に対して平成30年4月1日以後開始事業年度からの早期適用を可能とし、令和3年4月1日以後に開始する事業年度から強制適用されました。この収益認識の新基準は、法人税法の収益の認識と異なる会計処理を求めるところがありました。そのため、法人税法は、平成30年度改正により、法法22を改正し、法法22の2を新設するとともに基本通達の整備を行い、収益認識の新基準に対応しました。

⬜1 企業会計基準第29号の公表とその背景

1．収益認識に関する会計基準の公表

　国際会計基準審議会（IASB）は、米国財務会計基準審議会（FASB）と共同して「顧客との契約から生じる収益」（IFRS第15号）を公表し、平成30年1月1日以後開始事業年度より強制適用されました。

　日本においては、企業会計基準委員会が、平成30年3月30日にIFRS第15号の基準を基本とした企業会計基準第29号「収益認識に関する会計基準」および企業会計基準適用指針第30号「収益認識に関する会計基準の適用指針」（以下、「収益認識の新基準」という）を公表しました。これは、企業の収入金額の認識を統一し、国際間での比較を容易にするための会計上の要請から行われたものです。

2．「収益認識の新基準」の対象法人と適用時期

　収益認識の新基準は、監査対象法人（資本金5億円以上または負債総額200億円以上の大法人など）については、令和3年4月1日以後開始する事業年度から強制適用とされ、平成30年4月1日以後開始する事業年度からの早期適用を可能とされました。

　ただし、監査対象法人以外の中小企業については、引き続き従来の企業会計原則に従った会計処理をすることも可能とされました。

3．収益認識の新基準に対する法人税法の対応

　法人税法は、収益認識の新基準の平成30年4月1日以後開始する事業年度からの早期適用に対応するため、平成30年度税制改正において、法法22を改正し、法法22の2を新設しました。

　また、収益認識の新基準に対応した法人税法基本通達を公表しました。

②　収益認識の新基準の概要

1．収益認識の新基準の基本となる原則

（1）収益認識の新基準の基本となる原則

企業会計基準第29号「収益認識に関する会計基準」の抜粋

Ⅲ．会計処理

1．基本となる原則

16. 本会計基準の基本となる原則は、約束した財又はサービスの
　　顧客への移転を当該財又は　サービスと交換に企業が権利を得
　　ると見込む対価の額で描写するように、収益を認識することで
　　ある。

（2）基本となる原則の概要

①　履行義務による帰属時期の認識

　収益認識の新基準は、「約束した財又はサービスの顧客への移転」
を、収益の帰属時期の認識基準としています。

②　対価の額による収益の金額の認識

　収益認識の新基準は、「当該財又はサービスと交換に企業が権利を
得ると見込む対価の額」を収益の金額の基準としています。

2．収益認識のための5つのステップ

　収益認識の新基準は、その基本となる原則に従って収益を認識する
ために、5つのステップを適用するとしています。

（1）収益認識のための５つのステップ

企業会計基準第29号「収益認識に関する会計基準」の抜粋
17. 前項の基本となる原則に従って収益を認識するために、次の
（1）から（5）のステップを適用する（適用指針［設例１］）。
（1）顧客との契約を識別する（同基準第19から第31項参照）。
　　　本会計基準の定めは、顧客と合意し、かつ、所定の要件を満
　　たす契約に適用する。
（2）契約における履行義務を識別する（同基準第32項から第34
　　項参照）。
　　　契約において顧客への移転を約束した財又はサービスが、所
　　定の要件を満たす場合 には別個のものであるとして、当該約
　　束を履行義務として区分して識別する。
（3）取引価格を算定する（同基準第47項から第64項参照）。
　　　変動対価又は現金以外の対価の存在を考慮し、金利相当分の
　　影響及び顧客に支払われる対価について調整を行い、取引価格
　　を算定する。
（4）契約における履行義務に取引価格を配分する（同基準第65
　　項から第76項参照）。
　　　契約において約束した別個の財又はサービスの独立販売価格
　　の比率に基づき、それぞれの履行義務に取引価格を配分する。
　　独立販売価格を直接観察できない場合には、独立販売価格を見
　　積る。
（5）履行義務を充足した時に又は充足するにつれて収益を認識
　　する（同基準第35項から第45項参照）。
　　　約束した財又はサービスを顧客に移転することにより履行義
　　務を充足した時に又は充足するにつれて、充足した履行義務に
　　配分された額で収益を認識する。履行義務は、所定の要件を満
　　たす場合には一定の期間にわたり充足され、所定の要件を満た
　　さない場合には一時点で充足される。

（2）5つのステップの概要

　収益認識の新基準の基本となる、原則に従って収益を認識するための5つのステップの概要は、以下のとおりです。

①　ステップ1（顧客との契約を識別する）

　第1に、顧客と合意し、かつ、所定の要件を満たす契約に対して、その契約により顧客に対してどのような財またはサービスの移転を約束したかを識別します。契約とは、法律的な強制力のある権利および義務を生じさせる複数の当事者間における取決めをいいます。

　また、契約を識別するにあたり、一定の要件を満たす場合には、同一の顧客と同時に締結した複数の契約を結合し単一の契約（契約の結合）として処理します。

②　ステップ2（契約における履行義務を識別する）

　第2に、契約において顧客への移転を約束した財またはサービスが複数あり、かつ、一定の要件を満たす場合には、それぞれ別個のものとして、それぞれの約束を履行義務として区分して識別します。具体的には、1つの契約で、商品の引渡しという約束とその商品を一定期間にわたり保守点検するという約束がある場合には、商品の引渡しの履行義務と保守点検の履行義務とを認識します。

③　ステップ3（取引価格を算定する）

　第3に、取引価格を算定します。取引価格は、変動対価または現金以外の対価があることを考慮し、対価に含まれる金利相当額または顧客に支払われる対価の額を調整して算定します。具体的な取引価格の算定は、以下のとおりです。

　　ア　顧客と約束した対価のうち変動する可能性がある部分（変動対価）が含まれる場合、企業が権利を得ることとなる金額を見積もり、著しい減額が発生しない可能性の高い部分に限り取引価格に含めます。また、企業が権利を得ると見込まない額について、返金負債を認識します。返金負債の額は、各決算期に見直します。

　　イ　契約における対価が現金以外の場合にその対価を算定するにあたっては、時価により算定します。

ウ　顧客との契約に重要な金融要素が含まれる場合、取引価格の算定にあたっては、約束した対価の額に含まれる金利相当分の影響を調整します。

エ　契約により、キャッシュバックをする、または、ポイント等を付与するなど顧客に支払われる対価については、その金額を調整して取引価格を算定します。

④　**ステップ4（契約における履行義務に取引価格を配分する）**

契約において約束した別個の財またはサービスの取引価格は、それぞれの独立販売価格の比率に基づき、それぞれの履行義務ごとに取引価格を配分して算定します。独立販売価格を直接観察できない場合には、独立販売価格を見積もります。独立販売価格とは、財またはサービスを独立して企業が顧客に販売する場合の価格をいいます。

⑤　**ステップ5（履行義務を充足した時にまたは充足するにつれて収益を認識する）**

約束した財またはサービスを顧客に移転することにより、履行義務を充足した時の一時点で、または、履行義務を充足するにつれて、それぞれの充足した履行義務に配分された取引価格で収益を認識します。履行義務は、所定の要件を満たす場合には一定の期間にわたり充足され、所定の要件を満たさない場合には一時点で充足されます。

③　収益認識の新基準に対する法人税の対応

1．平成30年度改正前の収益の認識基準

（1）公正処理基準と法人税法の関係

平成30年度改正前の法人税法は、法人税法の課税標準である所得の金額の計算方法を規定するにあたり、一般に公正妥当と認められる会計処理の基準（公正処理基準）に従って計算される部分についてはその基準にゆだね、法人税法は特段の規定を設けませんでした。そして、法人税法の計算方法が、公正処理基準と異なる部分に対してのみ法人

税法の別段の定めによる規定を設けました。

　これは、法人税法の益金の額および損金の額の認識基準が、企業会計原則等の公正処理基準の収益の額または原価の額、費用の額および損失の額の認識基準と基本的に乖離（かいり）していなかったからです。そのため、公正処理基準の些少な改定や解釈の変更があっても、法人税法は通達を改正することで対応し、本法の改正をしなくても済んでいました。

（2）法人税法の益金の認識に関する規定

　法人税法の本法では、益金の額に関して、法法22条②で各事業年度の所得の金額の計算上、益金の額に算入すべき金額を規定するのみでした。益金の帰属時期、益金の額に算入する金額等については、法人税法本法で規定しないで、法人税法基本通達で規定しました。このように、法法22②が、益金の額に関する唯一の法人税の本法での規定であったことから、この規定は、益金の額に算入すべき金額の意義（範囲）についての規定であるとともに、益金の額の帰属時期および益金の額に算入する金額のすべてを包括的に規定しているという解釈もありました。

2．収益認識の新基準に対する法人税の対応

（1）収益認識の新基準の公表

　企業会計基準委員会が、平成30年3月30日に収益認識の新基準を公表しました。この収益認識の新基準は、監査対象法人に対して、令和3年4月1日以後の会計年度で強制適用とし、平成30年4月1日以後開始する会計年度での早期適用を可能としました。ただし、監査対象法人以外の法人については、企業会計原則による従前の会計処理基準による収益の認識を容認しました。

（2）新基準と法人税法との収益認識の乖離

　収益認識の新基準による収益認識は、企業会計原則の収益の認識とは異なる部分があり、結果として、収益の認識基準については、複数の公正処理基準が存在することになりました。また、収益認識の新基準は、法人税法の益金の額の認識基準とも異なる部分がありました。そのため、公正処理基準と法人税法での乖離が生じました。収益の認識について、乖離が生じた主なものは、以下のとおりです。

①　収益の認識時期

　収益認識の新基準は、収益の認識時期について、「約束した財又はサービスを顧客に移転することにより履行義務を充足した時に又は充足するにつれて、充足した履行義務に配分された額で収益を認識する。」としました。法人税法は、企業会計原則の割賦基準に対応して、旧法法63（長期割賦販売等に係る収益及び費用の帰属事業年度）の規定により延払基準による益金の額の計上を認めていました。しかし、収益認識の新基準は、割賦基準に係る収益の額は、「履行義務を充足した時」、すなわち、引渡しの日の属する事業年度の収益とすることになり、法人税法との乖離が生じました。

②　収益の金額

　収益認識の新基準は、収益の金額について、「顧客と約束した対価のうち変動する可能性がある部分（変動対価）が含まれる場合、企業が権利を得ることとなる金額を見積もり、著しい減額が発生しない可能性の高い部分に限り取引価格に含める。また、企業が権利を得ると見込まない額について、返金負債を認識する。返金負債の額は、各決算期に見直す。」としました。

　一方、法人税法は、益金の額に算入する収益の金額は、対価の額ではなく資産の引渡しまたは役務の提供の時の時価で計上することを原則としています。具体的には、収益の認識の新基準が変動対価に係る収益について、金銭債権の貸倒れ（回収不能額）および資産の買戻し（返品）による見積額を収益の額から控除することとしたため、法人税法との間に乖離が生じました。

３．平成30年度の法人税の改正

　収益認識の新基準が、監査対象法人に対して強制適用され、かつ、平成30年４月１日以後開始する会計年度での早期適用が可能とされたため、法人税法は、平成30年度の法人税の改正により収益認識の新基準に対して、以下のとおり対応しました。

（１）長期割賦販売等の特例の廃止

　収益認識の新基準により、割賦販売に係る収益は、履行義務を充足した時、すなわち、引渡し時の一時の収益として認識されることになり、割賦基準の適用はできなくなりました。そのため、法人税法は、旧法法63を、リース譲渡を除き経過措置を設けて廃止しました。法人税法は、課税の公平の見地から旧法法63廃止の対象法人を、新基準が強制適用される監査対象法人だけでなくすべての法人としました。

（２）返品調整引当金の廃止

　収益認識の新基準により、買戻し特約が付された取引については、買戻しによる返金の見積額を収益の額から控除することになり、返品調整引当金繰入額を損金の額に算入することができなくなりました。そのため、法人税法は、旧法法53（返品調整引当金の特例）を経過措置を設けたうえで廃止しました。

（３）法法22の２の新設

　法人税法は、上記２．（２）で述べたとおり、公正処理基準と法人税法の収益の額の認識についての乖離が生じたことにより、法法22条の２を新設して、法人税法上の益金の額の帰属時期について法法22の２①②③で規定しました。また、法人税法上の益金の額に算入する金額の原則について法法22の２④で規定しました。そして変動対価のうち値引き、値増しおよび売上割戻し等の可能性の見積額を収益の額に反映させることについては基本通達を整備したうえで容認しました。しかし、法法22の２⑤で、金銭債権の貸倒れ（回収不能）と資産の買

戻し（返品）の可能性の見積額については、益金の額に反映させないことを明確に規定しました。

（4）法法22②の解釈の改正

法法22②の規定は、条文の文言の改正は行われませんでしたが、法法22条の2で益金の額の帰属時期と益金の額に算入する金額の規定が法人税法の本法で新設されたことにより、法法22②の規定は、益金の額に算入すべき金額の定義（何が益金かという範囲）のみを規定することが明確化されました。つまり、法法22②は、益金の額について包括的に規定しているという従前の解釈はなくなり、益金の額の範囲のみを規定する条文という解釈の変更および整備がされました。これにより、法法22②で除かれる別段の定めは、益金の額の定義（範囲）に関するものに限定されました。

（5）法法22④の改正

第5章④2（2）で述べたように、法法22④の規定は、法人が公正処理基準に従って計算した部分については、法人の判断と計算にゆだねることを確認するための規定という解釈もありました。しかし、平成30年度の改正による解釈の変更および整備により、法法22②が益金の額の包括的な規定ではなく、益金の額の定義（範囲）のみを規定する条文とされたため、法法22④は、法法22②と切り離されて、益金の額および損金の額の計算方法を規定する条文となりました。

そのため、益金の額または損金の額の計算をする場合に、公正処理基準に従って計算された収益の額または原価の額、費用の額および損失の額に対して、別段の定めがある場合には、別段の定めが優先されることを明確にするために、法法22④においても「別段の定めがあるものを除き」の文言を追加する改正が行われました。

（6）平成30年度改正後の法法22（各事業年度の所得の金額）の要旨

① 第1項　所得の金額の計算方法（法法22①）

各事業年度の所得の金額は、益金の額から損金の額を控除した金額とする。

② 第2項　益金の額の定義（法法22②）

益金の額に算入すべき金額は、益金の額の範囲についての別段の定めがあるものを除き、資本等取引以外のものに係る収益の額とする。

③ 第3項　損金の額の定義（法法22③）

損金の額に算入すべき金額は、損金の額の範囲についての別段の定めがあるものを除き、原価、費用または資本等取引以外のものに係る損失の額とする。

④ 第4項　益金の額または損金の額の計算基準（法法22④）

第2項に係る益金の額または第3項に係る損金の額に算入すべき金額は、これらの計算方法についての別段の定めがあるものを除き、公正処理基準に従って計算されるものとする。

⑤ 第5項　資本等取引の定義（法法22⑤）

資本等取引の定義（範囲）は、法人の資本金等の増加または減少を生ずる取引ならびに法人が行う利益または剰余金の分配および残余財産の分配または引渡しをいう。

👀 実務の着眼点（平成30年度改正の必要性）

平成30年3月30日に公表された収益認識の新基準に対して、法人税は、平成30年度改正によりこの新基準に対応するための条文、基本通達等の整備をしました。これは、収益認識の新基準が平成30年4月1日以後開始事業年度からの早期適用を認めていたためです。そのため、会計基準に対して、法人税が先に規定の整備を行う結果となりました。

④ 益金の帰属時期 (法法22の2①②③)

1. 益金の額の帰属時期の原則

(1) 帰属時期の原則 (法法22の2①)

> **法人税法第22条の2第1項**
> 　内国法人の資産の販売若しくは譲渡又は役務の提供（以下この条において「資産の販売等」という。）に係る収益の額は、別段の定め（前条第4項を除く。）があるものを除き、その資産の販売等に係る目的物の引渡し又は役務の提供の日の属する事業年度の所得の金額の計算上、益金の額に算入する。

※ **引渡基準の原則**

　法人税法上、資産の販売等に係る収益の額の帰属時期（いつの事業年度の益金の額とするか）の原則は、その資産の販売等に係る目的物の引渡しの日または役務の提供の日（引渡し等の日）の属する事業年度とします。

(2)「別段の定め（法法22④を除く）があるものを除き」の意味

本章⑥で詳細に解説していますので参照してください。

(3) 別段の定め（法法22④を除く）の例示

　法法22の2に規定する「別段の定め（法法22④を除く）」には、以下のもの等があります。
- ① 短期売買商品の譲渡損益および時価評価損益（法法61）
- ② 有価証券の譲渡益または譲渡損の益金または損金算入（法法61の2）
- ③ 現物分配による資産の譲渡（法法62の5②）
- ④ リース譲渡に係る収益および費用の帰属事業年度（法法63）
- ⑤ 工事の請負に係る収益および費用の帰属事業年度（法法64）

２．収益経理による益金の額の帰属時期の特例

（１）収益経理による帰属時期の特例（法法22の2②）

> **法人税法第22条の2第2項**
> 　内国法人が、資産の販売等に係る収益の額につき一般に公正妥当と認められる会計処理の基準に従って当該資産の販売等に係る契約の効力が生ずる日その他の前項に規定する日に近接する日の属する事業年度の確定した決算において収益として経理した場合には、同項の規定にかかわらず、当該資産の販売等に係る収益の額は、別段の定め（前条第4項を除く。）があるものを除き、当該事業年度の所得の金額の計算上、益金の額に算入する

※　近接日の特例

　法人税法上、益金の額の帰属時期の原則は引渡基準です。ただし、目的物の引渡し日等に近接する日の属する事業年度の益金の額に算入することができます。近接日の特例を適用するには、近接日の属する事業年度の確定した決算において、収益として経理して益金の額に算入させる必要があります。また、近接日の特例は、継続適用を条件としています。

（２）近接日

　近接日とは、以下の日などをいいます。
① 　委託販売における売上計算書到達日（法基通2-1-3）
② 　電気業、ガス業における検針日（法基通2-1-4）
③ 　土地、建物等の固定資産の譲渡に関する契約の効力が生ずる日（法基通2-1-14）
④ 　鉄道等の乗車券の発行日（法基通2-1-21の11）など

3．確定申告で益金算入した場合のみなし特例

（1）確定申告した場合の特例 （法法22の2③）

> **法人税法第22条の2第3項**
>
> 　内国法人が資産の販売等を行った場合（当該資産の販売等に係る収益の額につき一般に公正妥当と認められる会計処理の基準に従って第一項に規定する日又は前項に規定する近接する日の属する事業年度の確定した決算において収益として経理した場合を除く。）において、当該資産の販売等に係る同項に規定する近接する日の属する事業年度の確定申告書に当該資産の販売等に係る収益の額の益金算入に関する申告の記載があるときは、その額につき当該事業年度の確定した決算において収益として経理したものとみなして、同項の規定を適用する。

※ 確定申告書で益金算入した場合の特例

　近接日の特例を受けるためには、近接日の属する事業年度の確定決算において、収益経理をして益金の額に算入させる必要があります。ただし、近接日の属する事業年度の法人税の確定申告書における法人税の所得の金額の計算上、その資産の販売等に係る収益の額が申告調整により益金の額に算入されている場合には、その収益の額は、近接日の確定決算において収益経理をしたとみなして、法法22の2②の規定を適用しその近接日の属する事業年度の益金の額に算入できます。

（2）法法22の2③カッコ書の意味

　資産の販売等に係る収益の額について、公正処理基準に従って、引渡しの日または近接日の属する事業年度の確定した決算において収益経理をしている場合には、法人税の確定申告書の申告調整により、これらの日以外の日の属する事業年度の益金の額に算入することはできないことを規定しています。

⑤　益金の額に算入する金額 （法法22の2④⑤）

1．益金の金額の原則

（1）益金の額に算入する金額の原則 （法法22の2④）

> **法人税法第22条の2第4項**
>
> 　内国法人の各事業年度の資産の販売等に係る収益の額として第一項又は第二項の規定により当該事業年度の所得の金額の計算上益金の額に算入する金額は、別段の定め（前条第四項を除く。）があるものを除き、その販売若しくは譲渡をした資産の引渡しの時における価額又はその提供をした役務につき通常得べき対価の額に相当する金額とする。

※　益金の額に算入する金額の原則

> 　資産の販売等に係る収益の額として益金の額に算入する金額は、原則として以下に相当する金額とします。
> ①　物の引渡しを要する取引 → 資産の引渡しの時における価額
> ②　役務の提供による取引 →提供した役務につき通常得べき対価の額

（2）資産の引渡しの時の価額等の通則 （法基通2-1-1の10）

①　引渡し時の価額等

　販売もしくは譲渡をした資産の引渡しの時における価額またはその提供をした役務につき通常得べき対価の額（引渡し時の価額等）とは、原則として資産の販売等につき第三者間で取引されたとした場合に通常付される価額をいいます。

②　価額等の見積額 （法基通2-1-1の10なお書）

　資産の販売等に係る目的物の引渡しまたは役務の提供の日の属する事業年度終了の日までにその対価の額が合意されていない場合は、同日の現況により引渡し時の価額等を適正に見積もります。その後、確

定した対価の額が見積額と異なるときは、法令18の2①（7（1）
P.123参照）の適用を受ける場合を除き、その差額に相当する金額に
ついては、その確定した日の属する事業年度の収益の額を減額または
増額します。

2．益金の額に算入する金額の特例

（1）益金の額に算入する金額（引渡し時の価額等）の特例
（法法22の2⑤）

法人税法第22条の2第5項
　引渡しの時における価額又は通常得べき対価の額は、同項の資
産の販売等につき次に掲げる事実が生ずる可能性がある場合にお
いても、その可能性がないものとした場合における価額とする。
　一　当該資産の販売等の対価の額に係る金銭債権の貸倒れ
　二　当該資産の販売等（資産の販売又は譲渡に限る。）に係る
　　　資産の買戻し

※　**貸倒れまたは買戻しの可能性除外の特例**

　法人税法上、資産の販売等に係る収益の額として益金の額に算入する金額は、
原則として引渡し時の価額等です。しかし、この引渡し時の価額等は、金銭債
権の貸倒れまたは資産の買戻しの可能性がないものとした場合における価額と
します。

（2）金銭債権の貸倒れまたは資産の買戻しの見積額の取扱い

①　公正処理基準と法人税法の乖離

　収益認識の新基準によれば、変動対価について、金銭債権の貸倒れ
（回収不能額）や資産の買戻し（返品）の可能性のある金額の見積額
を収益の額から減額しなければなりません。監査対象法人は、収益認
識の新基準が強制適用されますから、公正処理基準の収益の額と法人

税法の益金の額との間で乖離が生じます。

②　申告調整による乖離の解消

　収益認識の新基準に従って、収益の額から減額された金銭債権の貸倒れまたは資産の買戻しの見積額は、法人税の所得の金額の計算上、申告調整により益金の額に算入することになります。

③　金銭債権の帳簿価額（令18の2④）

　資産の販売等を行った場合において、収益認識の新基準により、金銭債権の貸倒れまたは資産の買戻しの見積額が売掛金その他の金銭債権から直接控除されている場合には、税務上の金銭債権の帳簿価額はその金額を加算した金額とします。

（例　示）

　当社は、当期中に甲社に商品Ａを300万円で販売しましたが、過去の実績に基づく返品率10％によって30万円の返品見積額を算定し、確定した決算において次の会計処理をしました。なお、上記売掛金は、当期末現在未収です。そのため、以下の税務調整をしました。

　ア　会計処理　（売掛金）270 ／（売上高）270

　イ　税務調整　別表四「売上計上もれ」30（加算・留保）

　　　　　　　　別表五（一）「売　掛　金」30

6　「別段の定め（法法22④を除く。）があるものを除き」の解釈

1．「別段の定めがあるものを除き」の意味

　法人税法の条文のなかで、「別段の定めがあるものを除き」という文言があります。「別段の定め」とは、法人税法のその規定以外の法人税法等の別の規定のことをいいます。

　それでは、「別段の定めがあるものを除き」とは、どういう意味でしょうか。

　たとえば、法人税法の第〇条で、「Ａは、別段の定めがあるものを除き、Ｂである。」と規定したとします。Ａは原則としてＢなのですが、第〇条以外の法人税法等の別の例外規定で、「第〇条にかかわら

ず、一定の場合にはAをCとすることを認める。」と規定している場合には、その規定に従い、AはCになります。ただし、第○条以外にAに関して規定している法人税法等の別の規定がない場合には、第○条により「Aは、Bである。」とされるという意味です。

第○条の例外規定として除かれる法人税法等の別の規定を限定しないことにより、規定もれをなくす、法人税法独特の表現です。例外がなければ、この条文を適用するのですから、原則的（通則的）取扱いを規定する条文になります。また、第○条の条文を改正することなく、第○条の例外規定である別の条文を制定することも可能となります。第○条以外の例外規定に、「第○条にかかわらず」の文言がない場合でも同じ取扱いになります。

２．「別段の定め（法法22④を除く。）があるものを除き」の意味

新設された法法22の２①②④で、「別段の定め（法法22④を除く。）があるものを除き」という文言があります。法法22の２③は、法法22の２②のみなす規定ですし、法法22の２⑤も法法22の２④の補足規定ですので、法法22の２の①②③④⑤は、みな同様に「別段の定め（法法22④を除く。）があるものを除き」と規定されています。

それでは、「別段の定め（法法22④を除く。）があるものを除き」とはどういう意味でしょうか。

法法22の２①の条文で検証してみましょう。法法22の２①は、「内国法人の資産の販売等に係る収益の額は、別段の定め（法法22④を除く。）があるものを除き、その資産の販売等に係る目的物の引渡し又は役務の提供の日（引渡等の日）の属する事業年度の所得の金額の計算上、益金の額に算入する。」と規定しています。この条文から、「別段の定め（法法22④を除く。）があるものを除き」の文言をなしにすると、「内国法人の資産の販売等に係る収益の額は、その資産の販売等に係る引渡等の日の属する事業年度の所得の計算上、益金の額に算入する。」になります。これが、第１項で規定する原則的な取扱いの内容です。上記１．の例の「Aは、Bである。」に該当します。この原則

的な取扱いの例外規定である別段の定めがあれば、その別段の定め（④1（3）を参照）に従うことになります。

　ただし、この例外規定の別段の定めから法法22④が除かれています。したがって、法法22④の公正処理基準に従って計算された収益の額は、例外規定から除かれているために、もともとの「A は、B である。」に該当し、法法22の2①の原則的取扱いが適用されることになります。つまり、収益の帰属時期と収益の金額に関しては、法法22④に規定する公正処理基準である企業会計原則等や収益認識の新基準によらないで、法法22の2①が適用されるということです。

3．「別段の定め（法法22④を除く。）があるものを除き」の例示

（1）監査対象法人以外の法人の割賦基準に係る収益の額の場合

　監査対象法人以外の法人が、割賦販売に係る収益の額について、法法22④の公正処理基準である企業会計原則の割賦基準を適用して収益の額を計算した場合を想定します。

　まず、割賦販売に係る収益の額について、法法22②により益金の額を生ずる取引かどうか（益金の額に該当するか）を判定すると、割賦販売に係る収益の額は、益金の額に算入すべき金額に該当します。

　次に、法法22②の別段の定めである法法22の2を適用します。この割賦販売に係る収益の額の帰属時期については法法22の2①で判定し、計上すべき益金の金額については法法22の2④で判定していきます。

　法法22④も法法22の2①④にとっては「別段の定め」ですが、法法22の2①④の規定の適用から除かれる例外規定である別段の定めから法法22④が除かれています。そのため、この割賦基準に係る収益の額は、法法22④に規定する公正処理基準である企業会計原則の適用を受けることができず、法法22の2①の益金の帰属時期の原則である引渡し等の日の属する事業年度を帰属時期とし、法法22の2④の益金の金額の原則である引渡し等の時における価額等を収益の額として、益金

の額に算入されることになります。そのため、この割賦基準に係る収益の額は、法人税申告書において申告調整されることになります。

（2）監査対象法人の変動対価に係る買戻しの見積額の控除の場合

　監査対象法人が、資産の販売等に係る収益の額について、法法22④の公正処理基準である収益の認識の新基準の変動対価の計算において、その収益の額から返品の見積額を返金負債として控除して、引渡日の事業年度の収益の額に計上した場合を想定します。

　この収益の額は、法法22④の公正処理基準に従って計算された収益の額ですから、法法22②により益金の額に算入すべき金額に該当します。

　次に、法法22の2①で帰属時期を、法法22の2④⑤で益金の額に算入する金額を判定します。帰属時期は、引渡し日に収益経理されていますので問題ありません。

　ただし、法法22の2⑤は、引渡し時の価額等は、金銭債権の貸倒れまたは資産の買戻しの可能性がないものとした場合における価額とすると規定し、かつ、法法22の2⑤の規定の適用から除かれる例外規定である別段の定めから法法22④が除かれています。

　そのため、法人税の所得の金額の計算上、益金の額に算入する金額は、法法22の2⑤の規定が適用され、買戻しの見積額の控除前の金額となります。したがって、この買戻しの見積額は、法人税の所得の金額の計算上、申告調整により加算され、益金の額に算入することになります。

４．「法法22④にかかわらず」とできない理由

　法法22の2①から⑤の規定は、法法22④の公正処理基準に従って計算された割賦基準に係る収益の額、金銭債権の貸倒れまたは資産の買戻しの見積額を控除した収益の額に対して、法法22の2①②③④⑤の規定を優先して適用させるために、「別段の定め（法法2④を除く。）が

あるものを除き」と規定しています。そこで、法法22の2①で、「法法22④にかかわらず」と規定したならばどうなるかを検証してみます。

　この場合には、法法22の2①が、「内国法人の資産の販売等に係る収益の額は、法法22④にかかわらず、その資産の販売等に係る引渡等の日の属する事業年度の所得の計算上、益金の額に算入する。」となります。

　企業会計原則の収益の認識基準の原則は、実現主義（売上高は、実現主義に従い、商品等の販売または役務の給付によって実現したものに限る。）です。この実現主義により計上された収益の額は、法人税法に規定する引渡日等基準により計上された収益の額と原則的に一致します。「第○条にかかわらず」の表現は、原則は、ＡはＢなのですが、一定の条件がある場合にはＡはＢではなくＣになる場合に使われる文言です。上記の例ではB=Cとなってしまいます。そのため、やはり、「別段の定め（法法22④を除く。）があるものを除き」と表現せざるを得なくなります。

5．改正の経緯と趣旨

　平成30年度の法人税の改正の経緯と趣旨については、立法担当者の見解が、「平成30年度税制改正の解説」に記載されていますので参考にしてください。インターネットでの検索方法は、以下のとおりです。
※財務省HPトップ＞政策一覧 - 税制＞毎年度の税制改正 - 税制改正の概要＞令和元年度以前についてはこちら（国立国会図書館にリンク）＞平成30年度税制改正の解説＞法人税法の改正＞詳解PDF

◆法法22の2①②③　収益の帰属時期

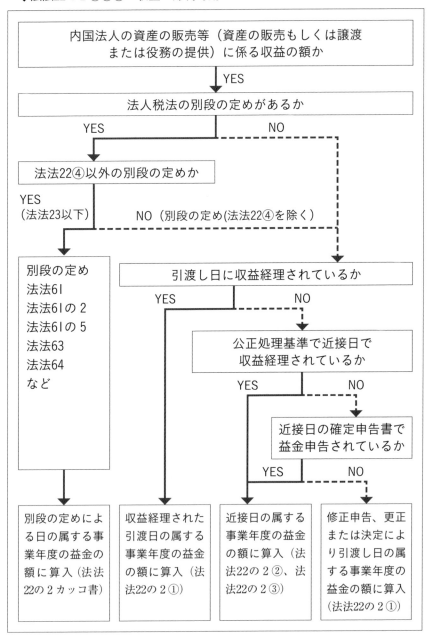

7 　引渡し等事業年度後の収益の額の変動

（1）修正経理による収益の修正額の帰属時期

> **法令18の2①の要旨**
>
> 　法法22の2①又は②の適用を受けた資産の販売等に係る収益の額につき、一般に公正妥当と認められる会計処理の基準にしたがって、引渡し事業年度後の事業年度の確定した決算において修正の経理（法法22の2⑤の修正経理を除く。）をした場合において、当初益金算入額に修正経理による増減額を加減算した金額が税法時価（法法22の2④）に相当するときは、その修正経理により増減した収益の額は、その修正経理をした事業年度の所得の金額の計算上、益金の額又は損金の額に算入する。

（例示1）

　商品Aは、半年以内に500個以上購入した場合は、10%の売上割戻しをする契約です。前期末に甲社に商品Aを単価1万円で400個（400万円）販売し、変動対価（法基通2-1-1の11）により以下の会計処理をしました。しかし、甲社は半年以内に500個以上の購入をしなかったため売上割戻しは適用されませんでした。そのため、当期に次の会計処理をしました。

① 　前期の仕訳 　（現預金）　400 ／ （収入金額）360
　　　　　　　　　　　　　　　　　　（割戻負債）40
② 　当期の仕訳 　（割戻負債）40 ／ （収入金額）40

※ 　②の40万円の収入金額は、法令18の2①の規定により当期の益金の額に算入します。

（2）引渡し等事業年度後に申告調整をした場合の収益の修正額の帰属時期

> **法令18条の2②の要旨**
>
> 資産の販売等に係る収益の額につき、引渡し事業年度後の確定申告書に上記（1）の増減額を加減算する申告の記載があるときは、その増減額は、その事業年度の確定した決算において修正経理をしたものとみなして（1）の規定を適用する。

（例示2）

 （例示1）の場合において当期の確定した決算において②の仕訳を計上しなかったが、次の税務調整をしました。

  税務調整　別表四　「売上計上漏れ」40（加算・留保）

  　　　　　別表五㈠「売 掛 金」40

※ （1）の修正経理をしたものとみなして、修正事業年度の益金の額に算入する。

（3）上記（1）（2）以外の場合の引渡し事業年度後の事情による変動額の帰属時期

> **法令18条の2③の要旨**
>
> 資産の販売等に係る収益の額につき引渡し等事業年度の決算で収益経理（益金算入申告を含む。）をした場合で、かつ、その収益経理額（益金算入額を含む。）が、（1）又は（2）の規定により引渡し等事業年度の所得の計算上益金の額に算入された場合において、引渡し事業年度終了日後に生じた事情により、その資産の税法時価（法法22の2④）が変動したときは、その変動した増減額は、その変動することが確定した事業年度の所得の計算上、益金の額又は損金の額に算入する。ただし、（1）又は（2）の適用のある場合を除く。

（例示3）

 前期末に乙社に機械Bを500万円で販売しました。しかし、当期に

なり機械Ｂに不具合が生じました。そのため、その不具合を無償で
修理し、かつ、50万円の値引きをして返金しました。

① 　前期の仕訳　（現預金）500　／（収入金額）500

② 　当期の仕訳　（収入金額）50　／（現預金）50

※ 　②の50万円の収入金額は、法令18の２③の規定により当期の損金の額に算入
します。

👀） 実務の着眼点（収益認識の新基準）

収益認識の新基準は、監査対象法人については強制適用ですが、その
他の法人については従前のままでよいことになっています。しかし、
収益認識の新基準を適用することによって、益金の額の計上時期が翌
期以降で済む場合もあります。したがって、監査対象法人でないため、
新基準は関係ないというわけにはいきません。しっかりと新基準を研
究して、その法人にとって有利となる新基準は積極的に取り入れなが
ら法人税の申告書を作成する必要があります。

8　収益の認識の条文と通達

条　文	基　本　通　達		
	構　成	通達番号	内　　容
法法22② 収益の範囲の認識	収益計上単位の通則	2 - 1 - 1	収益の計上の単位の通則
	収益計上単位の具体的取扱い	2 - 1 - 1 の 2	機械設備等の販売に伴い据付工事を行った場合の収益の計上の単位
		2 - 1 - 1 の 3	資産の販売等に伴い保証を行った場合の収益の計上の単位
		2 - 1 - 1 の 4	部分完成の事実がある場合の収益の計上の単位
		2 - 1 - 1 の 5	技術役務の提供に係る収益の計上の単位
		2 - 1 - 1 の 6	ノウハウの頭金等の収益の計上の単位
		2 - 1 - 1 の 7	ポイント等を付与した場合の収益の計上の単位
		2 - 1 - 1 の 8	資産の販売等に係る収益の額に含めないことができる利息相当部分

条　文	基　本　通　達		
	構　成	通達番号	内　　容
法法22② 収益の範囲の認識	収益計上単位の具体的取扱い	2-1-1の9	割賦販売等に係る収益の額に含めないことができる利息相当部分
法法22の2 ④⑤ 収益の額	収益の額の通則	2-1-1の10	資産の引渡しの時の価額等の通則
		2-1-1の11	変動対価
	収益の額の具体的取扱い	2-1-1の12	売上割戻しの計上時期
		2-1-1の13	一定期間支払わない売上割戻しの計上時期
		2-1-1の14	実質的に利益を享受することの意義
		2-1-1の15	値増金の益金算入の時期
		2-1-1の16	相手方に支払われる対価
法法22の2 ①②③ 収益の帰属時期	棚卸資産の販売に係る収益計上時期の具体的取扱い	2-1-2	棚卸資産の引渡しの日の判定
		2-1-3	委託販売に係る収益の帰属の時期
		2-1-4	検針日による収益の帰属の時期
	固定資産の譲渡等に係る収益計上時期の具体的取扱い	2-1-14	固定資産の譲渡に係る収益の帰属の時期
		2-1-15	農地の譲渡に係る収益の帰属の時期の特例
		2-1-16	工業所有権等の譲渡に係る収益の帰属の時期の特例
	固定資産の譲渡等に係る具体的取扱い	2-1-18	固定資産を譲渡担保に供した場合
		2-1-19	共有地の分割
		2-1-20	法律の規定に基づかない区画形質の変更に伴う土地の交換分合
		2-1-21	道路の付替え
	役務の提供に係る収益計上時期の通則	2-1-21の2	履行義務が一定の期間にわたり充足されるものに係る収益の帰属の時期
		2-1-21の3	履行義務が一時点で充足されるものに係る収益の帰属の時期
		2-1-21の4	履行義務が一定の期間にわたり充足されるもの
		2-1-21の5	履行義務が一定の期間にわたり充足されるものに係る収益の額の算定の通則
		2-1-21の6	履行義務の充足に係る進捗度

条　文	基　本　通　達		
	構　成	通達番号	内　　容
法法22の2 ①②③ 収益の帰属 時期	役務の提供 に係る収益 計上時期の 具体的取扱 い	2-1-21の7	請負に係る収益の帰属の時期
		2-1-21の8	建設工事等の引渡しの日の判定
		2-1-21の9	不動産の仲介あっせん報酬の帰属の時期
		2-1-21の10	技術役務の提供に係る報酬の帰属の時期
		2-1-21の11	運送収入の帰属の時期
	短期売買商 品の譲渡に 係る損益計 上時期等の 具体的取扱 い	2-1-21の12	短期売買商品の譲渡に係る損益の計上時期の特例
		2-1-21の13	短期売買業務の廃止に伴う短期売買商品から短期 売買商品以外の資産への変更
	有価証券の 譲渡による 損益計上時 期等の具体 的取扱い	2-1-22	有価証券の譲渡による損益の計上時期
		2-1-23	有価証券の譲渡による損益の計上時期の特例
		2-1-23の2	短期売買業務の廃止に伴う売買目的有価証券から 満期保有目的等有価証券又はその他有価証券への 区分変更
		2-1-23の3	現渡しの方法による決済を行った場合の損益の計 上時期
		2-1-23の4	売却及び購入の同時の契約等のある有価証券の取 引
	利子、配当、 使用料等に 係る収益計 上時期等の 具体的取扱 い	2-1-24	貸付金利子等の帰属の時期
		2-1-25	相当期間未収が継続した場合等の貸付金利子等の 帰属時期の特例
		2-1-26	利息制限法の制限超過利子
		2-1-27	剰余金の配当等の帰属の時期
		2-1-28	剰余金の配当等の帰属時期の特例
		2-1-29	賃貸借契約に基づく使用料等の帰属の時期
		2-1-30	知的財産のライセンスの供与に係る収益の帰属の 時期
		2-1-30の2	工業所有権等の実施権の設定に係る収益の帰属の 時期
		2-1-30の3	ノウハウの頭金等の帰属の時期
		2-1-30の4	知的財産のライセンスの供与に係る売上高等に基 づく使用料に係る収益の帰属の時期

条　文	基　本　通　達		
	構　成	通達番号	内　　容
法法22の2 ①②③ 収益の帰属 時期	利子、配当、 使用料等に 係る収益計 上時期等の 具体的取扱 い	2－1－30の5	工業所有権等の使用料の帰属の時期
		2－1－31	送金が許可されない利子、配当等の帰属の時期の特例
	その他収益 等の具体的 取扱い	2－1－32	償還有価証券に係る調整差損益の計上
		2－1－33	償還有価証券の範囲
		2－1－34	債権の取得差額に係る調整差損益の計上
		2－1－35	デリバティブ取引に係る契約に基づく資産の取得による損益の計上
		2－1－36	デリバティブ取引に係る契約に基づく資産の譲渡による損益の計上
		2－1－37	有利な状況にある相対買建オプション取引について権利行使を行わなかった場合の取扱い
		2－1－38	不利な状況にある相対買建オプション取引について権利行使を行った場合の取扱い
		2－1－39	商品引換券等の発行に係る収益の帰属の時期
		2－1－39の2	非行使部分に係る収益の帰属の時期
		2－1－39の3	自己発行ポイント等の付与に係る収益の帰属の時期
		2－1－40	将来の逸失利益等の補填に充てるための補償金等の帰属の時期
		2－1－40の2	返金不要の支払の帰属の時期
		2－1－41	保証金等のうち返還しないものの額の帰属の時期
		2－1－42	法令に基づき交付を受ける給付金等の帰属の時期
		2－1－43	損害賠償金等の帰属の時期
		2－1－44	金融資産の消滅を認識する権利支配移転の範囲
		2－1－45	金融負債の消滅を認識する債務引受契約等
		2－1－46	金融資産等の消滅時に発生する資産及び負債の取扱い
		2－1－47	金融資産等の利回りが一定でない場合等における損益の計上
		2－1－48	有価証券の空売りに係る利益相当額等の外貨換算

第 **8** 章

益金の額の税務

　収益認識の新基準は、複数の契約の結合という収益計上の単位に係る会計処理を定めました。法人税法は、収益の額を個々の契約ごとに計上することを原則としていますが、この契約の結合に対して法基通の整備により対応しました。また、収益認識の新基準は、収益の金額の算定に関して変動対価という会計処理を定めました。法人税法は、この変動対価の会計処理に対して貸倒れおよび買戻しに係る変動対価の見積額を認めないことを法法22の2の新設により明確にし、さらに法基通を整備することによりこれに対応しました。

① 収益計上の単位

1．収益認識の新基準の「契約の結合」の規定

　収益認識の新基準は、複数の契約であっても、以下の要件を満たす場合には、その複数の契約を結合し、単一の契約として処理すると規定しました。

企業会計基準第29号「収益認識に関する会計基準」の抜粋

Ⅲ　会計処理

２．収益の認識基準

（２）契約の結合

27. 同一の顧客（当該顧客の関連当事者を含む。）と同時又はほぼ同時に締結した複数の契約について、次の（1）から（3）のいずれかに該当する場合には、当該複数の契約を結合し、単一の契約とみなして処理する。

　（1）当該複数の契約が同一の商業的目的を有するものとして交渉されたこと

　（2）1つの契約において支払われる対価の額が、他の契約の価格又は履行により影響を受けること

　（3）当該複数の契約において約束した財又はサービスが、第32項から第34項に従うと単一の履行義務となること

2．法人税法の収益計上の単位

　収益認識の新基準の「契約の結合」の規定に対応して、法人税法は、収益計上単位についての以下の基本通達を整備しました。

（1）収益計上単位の通則 （法基通2-1-1）

> 　資産の販売等に係る収益の額は、原則として個々の契約ごとに計上する。

※　収益計上単位の通則

　資産の販売等に係る収益の額は、従前どおり、個々の契約ごとに認識して計上することを原則とします。

（2）収益計上単位の特則 （法基通2-1-1ただし書）

> 　ただし、次に掲げる場合に該当する場合には、それぞれ次に定めるところにより区分した単位ごとにその収益の額を計上することができる。
> （1）複数の取引の結合
> 　同一の相手方及びこれとの間に支配関係その他これに準ずる関係のある者（同一の相手方等）と同時期に締結した複数の契約について、当該複数の契約において約束した資産の販売等を組み合わせて初めて単一の履行義務となる場合
> 　当該複数の契約による資産の販売等の組合せ
> （2）一の契約の配分
> 　一の契約の中に複数の履行義務が含まれている場合
> 　それぞれの履行義務に係る資産の販売等

※　収益計上単位の特則

　収益の認識の新基準を受けて、複数の契約の資産の販売等を組み合わせて初めて単一の履行義務となる場合には、複数の契約を結合させて収益の額を認識して計上することができるようになりました。また、一の契約の中に複数の履行義務が含まれている場合には、それぞれの履行義務に係る資産の販売等ごとに、収益の額を認識して計上することができるようになりました。

（3）収益の計上単位の特例の例示

① 契約の結合（法基通2-1-1（注）1）

> 同一の相手方及びこれとの間に支配関係その他これに準ずる関係のある者と同時期に締結した複数の契約について、次のいずれかに該当する場合には、当該複数の契約を結合したものを一の契約とみなしてただし書の（2）を適用する。
> （1）当該複数の契約が同一の商業目的を有するものとして交渉されたこと。
> （2）一の契約において支払を受ける対価の額が、他の契約の価格又は履行により影響を受けること。

※ 契約の結合の具体例

同一の相手方等と機械の販売契約と保守契約を同時期に締結しました。独立販売価額は、機械が100万円、保守契約は2年間で60万円です。ただし、契約金額は、機械が50万円、保守契約は40万円でした。機械の販売と保守契約は、同一の商業目的を有しますので、（1）の要件に該当します。また、同時に契約をしたことにより保守契約の金額は値引きされましたので、（2）の要件に該当します。そのため、これらの複数の契約は結合されます。機械の販売の収益の額は機械の引渡日に、保守契約の収益の額は24か月にわたって益金の額に算入されます。また、収益の額は、独立販売価額を基に、機械は60万円（120万円×80万円÷160万円）、保守契約は45万円（120万円×60万円÷160万円）になります。

② 工事の請負契約の単位の特例（法基通2-1-1（注）2）

> 工事（製造及びソフトウエアの開発を含む。）の請負に係る契約について、次の（1）に区分した単位における収益の計上時期及び金額が、次の（2）に区分した単位における収益の計上時期及び金額に比してその差異に重要性が乏しいと認められる場合には、次の（1）に区分した単位ごとにその収益の額を計上することができる。

（1）当事者間で合意された実質的な取引の単位を反映するように複数の契約（異なる相手方と締結した複数の契約又は異なる時点に締結した複数の契約を含む。）を結合した場合のその複数の契約において約束した工事の組合せ

（2）同一の相手方及びこれとの間に支配関係その他これに準ずる関係のある者と同時期に締結した複数の契約について、ただし書の（1）又は（2）に掲げる場合に該当する場合（ただし書の（2）にあっては、上記（注1）においてみなして適用される場合に限る。）におけるそれぞれただし書の（1）又は（2）に定めるところにより区分した単位

※工事の請負契約の単位の特例の具体例

　当社は、地主甲から医療ビルの建設工事を請け負いました。このビルは3階建で、甲はビルが完成した後、1階を内科医Aに、2階を眼科医Bに、3階を外科医Cにそれぞれ賃貸する契約を締結していました。当社は、この医療ビルの建築工事契約だけではなく、A、B、Cの各診療所の内装工事もそれぞれA、B、Cと個別に契約しました。この場合には、同一の相手方等と同時期に締結した契約ではありませんから、原則として契約の結合はしません。しかし、ビルの建築工事と各診療所の内装工事は、同時に行われることから原価を契約ごとに案分することが煩雑であること等の理由により、当社は、これらの複数の工事契約を結合させて一の単位として収益を計上したとします。

　この場合の収益の計上時期および金額が、当社と甲のみで一括して契約した場合の収益の計上時期および金額に比してその差異に重要性が乏しいと認められる場合には、これらの複数の契約を結合して収益の計上をすることになります。

③　**継続適用**（法基通2-1-1（注）3）

　一の資産の販売等に係る契約につき、ただし書の適用を受けた場合には、同様の資産の販売等に係る契約については、継続してその適用を受けたただし書の（1）又は（2）に定めるところにより区分した単位ごとに収益の額を計上することに留意する。

※　継続適用

> 収益の計上単位について、一旦、単一の履行義務での収益計上を選択した場合には、同様の資産の販売等に係る契約については、継続適用する必要があります。

4．収益計上の単位に係るその他の基本通達の要旨

法人税法の収益計上単位の通則に加え、法基通は、収益計上単位の具体的な取扱いについて規定しています。各法基通の要旨は、以下のとおりです。

（1）機械設備等の販売に伴い据付工事を行った場合の収益の計上の単位（法基通2-1-1の2）

機械設備等の販売をしたことに伴いその据付工事を行った場合（工事進行基準の特例（法法64①②）の適用を受ける場合を除く）において、その据付工事が相当の規模のものであり、かつ、契約等に基づいて機械設備等の販売に係る対価の額とその据付工事に係る対価の額とを合理的に区分できるときは、2-1-1ただし書（2）に該当するかどうかにかかわらず、その区分した単位ごとにその収益の額を計上することができます。

（2）資産の販売等に伴い保証を行った場合の収益の計上の単位（法基通2-1-1の3）

資産の販売等に伴いその販売もしくは譲渡する資産または提供する役務に対する保証を行った場合において、その保証がその資産または役務が合意された仕様に従っているという保証のみであるときは、その保証はその資産の販売等とは別の取引の単位として収益の額を計上することにはなりません。

（3）部分完成の事実がある場合の収益の計上の単位

（法基通2‐1‐1の4）

　請負建設工事等について、次の①または②の事実がある場合（工事
進行基準の特例（法法64①②）の適用を受ける場合を除きます。）には、
その建設工事等の全部が完成しないときにおいても、個々の契約ごと
の原則（法基通2‐1‐1）にかかわらず、その事業年度に引き渡した建
設工事等の量または完成した部分に区分した単位ごとに、その収益の
額を計上します。

① 　一の契約により同種の建設工事等を多量に請け負ったような場合
　　で、その引渡量に従い工事代金を収入する旨の特約または慣習があ
　　る場合

【具体例】

　　30戸の建売住宅の建設工事の請負契約を締結した場合において、
　1戸を引き渡す都度、工事代金を収入する旨の契約または慣行があ
　るときが該当します。

② 　1個の建設工事等であっても、その建設工事等の一部が完成し、
　　その完成した部分を引き渡した都度その割合に応じて工事代金を収
　　入する旨の特約または慣習がある場合

【具体例】

　　1,000mの道路の舗装工事の請負契約を締結した場合において、
　100mごとに完成した都度、引渡しを行い、その割合に応じて工事
　代金を収入する特約または慣行があるときが該当します。

（4）技術役務の提供に係る収益の計上の単位（法基通2‐1‐1の5）

　設計、作業の指揮監督、技術指導その他の技術役務の提供について、
次の①または②の事実がある場合には、個々の契約ごとの原則（法基
通2‐1‐1）にかかわらず、次の期間または作業に係る部分に区分した
単位ごとにその収益の額を計上します。

① 　報酬の額が、現地に派遣する技術者等の数および滞在期間の日数
　　等を基準としたいわゆる人月計算または人日計算などにより算定さ

れ、かつ、一定の期間ごとにその金額を確定させて支払を受けることとなっている場合には、その期間部分

② 例えば、基本設計に係る報酬の額と部分設計に係る報酬の額が区分されている場合のように、報酬の額が作業の段階ごとに区分され、かつ、それぞれの段階の作業が完了する都度その金額を確定させて支払を受けることとなっている場合には、その作業段階に対応する部分

（5）ノウハウの頭金等の収益の計上の単位 (法基通2-1-1の6)

ノウハウとは、特許権等の工業所有権のように登記された権利ではありませんが、これに準じて取り扱われる専門的な技術や知識などに関する権利をいいます。ノウハウの開示を受ける契約の頭金等については、ノウハウの開示が完了した日の収益の額に計上するのが原則です。ただし、①または②の場合には、個々の契約ごとの原則（法基通2-1-1）にかかわらず、それぞれに係る部分に区分した単位ごとに収益の額を計上します。

① 技術提供契約またはフランチャイズ契約等によりノウハウの開示が2回以上に分割して行われ、かつ、その設定契約に際して支払を受ける一時金または頭金の支払が、ほぼこれに見合って分割して行われる場合には、その開示した部分

② ノウハウの設定契約に際して支払を受ける一時金または頭金の額が、ノウハウの開示のために現地に派遣する技術者等の数および滞在期間の日数等により算定され、かつ、一定の期間ごとにその金額を確定させて支払を受けることとなっている場合には、その期間に係る部分

※ オプションフィーの取扱い

ノウハウの設定契約の締結に先立って、相手方に契約締結の選択権を付与する場合のオプションフィー（契約締結時には支払額に充当され、締結しない場合には返還されない報酬）は、そのノウハウの設定とは別の取引の単位として、選択権を付与した段階で収益の額を計上します。

（6）ポイント等を付与した場合の収益の計上の単位

（法基通2-1-1の7）

　資産の販売等に伴い、いわゆるポイント等で、将来の資産の販売等に対して、相手方からの呈示があった場合には、ポイント等の単位数等と交換に、その将来の資産の販売等に係る資産または役務について、値引きしまたは無償で販売もしくは譲渡または提供をすることとなるもの（自己発行ポイント等）を不特定多数の者に付与する場合において、次の要件のすべてに該当するときは、継続適用を条件として、その自己発行ポイント等について、当初の資産の販売等とは別の取引に係る収入の一部または全部の前受けとすることができます。

① 　その付与した自己発行ポイント等が当初資産の販売等の契約を締結しなければ相手方が受け取れない重要な権利を与えるものであること。

② 　その付与した自己発行ポイント等が発行年度ごとに区分して管理されていること。

③ 　法人がその付与した自己発行ポイント等に関する権利につきその有効期限を経過したこと、規約等で定める違反事項に相手方が抵触したこと等その法人の責に帰さないやむを得ない事情があること以外の理由により一方的に失わせることができないことが規約等において明らかにされていること。

④ 　次のいずれかの要件を満たすこと。

　ア 　その付与した自己発行ポイント等の呈示があった場合に値引き等をする金額（ポイント等相当額）が明らかにされており、かつ、将来の資産の販売等に際して、たとえ1ポイントまたは1枚のクーポンの呈示があっても値引き等をすることとされていること。

　　（注）一定単位数等に達しないと値引き等の対象にならないもの、割引券（将来の資産の販売等の対価の一定割合の割引を約する証票）、スタンプカード等は、アの自己発行ポイント等には該当しません。

　イ 　その付与した自己発行ポイント等が、その法人以外の者が運営するポイント等または自ら運営する他の自己発行ポイント等で、

アのポイント等と所定の交換比率により交換できることとされていること。

【具体例】商品Aの売上高1,000万円に対し自己発行ポイント等100万円を付与（消化率100％）する場合。

(現預金) 1,000 ／ (収入金額) 909 (1,000×1,000÷ (1,000+100))
　　　　　　　 　 (契約負債) 91 (1,000× 100÷ (1,000+100))

（7）資産の販売等に係る収益の額に含めないことができる利息相当部分（法基通2-1-1の8）

資産の販売等を行った場合において、次の①の額および②の事実その他関連するすべての事実および状況を総合的に勘案して、その資産の販売等に係る契約に金銭の貸付けに準じた取引が含まれていると認められるときは、継続適用を条件として、その取引に係る利息相当額をその資産の販売等に係る収益の額に含めないことができます。

① 資産の販売等に係る契約の対価の額と現金販売価格（資産の販売等と同時にその対価の全額の支払を受ける場合の価格をいう）との差額

② 資産の販売等に係る目的物の引渡しまたは役務の提供をしてから相手方が当該資産の販売等に係る対価の支払を行うまでの予想される期間および市場金利の影響

【具体例】企業は顧客Aとの間で商品の販売契約を締結し、契約締結と同時に商品を引き渡した。顧客は契約から2年後に対価2,000万円を支払う場合。対価の調整として用いる金利は1％（年間20万円）とする。

ア　商品引渡し時の仕訳　　（売掛金）1,960 ／ （収入金額）1,960
イ　1年後の仕訳　　　　　（売掛金）20 ／ （受取利息）20
ウ　2年後の仕訳　　　　　（売掛金）20 ／ （受取利息）20
エ　対価受領時の仕訳　　　（現預金）2,000 ／ （売掛金）2,000

（8）割賦販売等に係る収益の額に含めないことができる利息相当部分（法基通2-1-1の9）

　割賦販売等（月賦、年賦その他の賦払の方法により対価の支払を受けることを定型的に定めた約款に基づき行われる資産の販売等および延払条件が付された資産の販売等をいう）を行った場合または法法63①に規定するリース譲渡を行った場合において、その割賦販売等またはリース譲渡に係る販売代価と賦払期間またはリース期間中の利息に相当する金額とが区分されているときは、その利息に相当する金額を当該割賦販売等またはリース譲渡に係る収益の額に含めないことができます。

👀 実務の着眼点（契約の結合）

収益認識の新基準は、一定の要件を満たす場合には、複数の契約を結合すると規定しました。法人税法は、資産の販売等に係る収益の額は、個々の契約ごとに計上することを原則としつつも、収益の計上単位に関する基本通達を整備することにより対応しました。これは、収益認識の新基準によるこの収益の計上単位についての規定が、法人税法の収益に関する考え方と全く乖離するものではないため、法人税法の考え方を基本通達で示すことで対応し得たからです。

② 益金の額の範囲と益金の額に算入する金額

1．益金の額の定義（法法22②）

　益金の額の定義（範囲）については、法法22②で次の例示をして、益金の額の規定をしています。
① 資産の販売による収益の額
② 有償による資産の譲渡または役務の提供による収益の額

③　無償による資産の譲渡または役務の提供による収益の額
④　無償による資産の譲受けによる収益の額
⑤　その他の取引で資本等取引以外のものに係る収益の額

2．所得の計算上の益金の額

（1）益金の額の認識と益金算入額

　法人税の所得の金額の計算上、益金の額に算入すべき金額は、法法22の2④の規定による税法時価、すなわち、その販売もしくは譲渡をした資産の引渡しの時における価額またはその提供をした役務につき通常得べき対価の額に相当する金額です。そのため、法人税法は、税法時価未満での取引もすべて時価での取引として取り扱います。したがって、資産の低額譲渡または役務の低廉供与の場合は、時価と対価の差額が、益金の額として認識されます。また、資産の無償譲渡または役務の無償提供の場合は、税法時価相当額が益金の額として認識されます。

（2）益金の額の範囲と益金の額に算入する金額のまとめ

　上記1．の法法22②の益金の額の例示に対応する益金の額に算入する金額の具体例は以下のとおりです。すべて、時価は1,000万円、低額譲渡等の対価は700万円と仮定しています。税法時価が、取引対価の額を超える場合において、その超える部分と対価との差額に相当する貸方科目を、仮の名称として、「益金対応額」として表示しています。この「益金対応額」については、下記（3）で解説します。

（単位：万円）

取　引　形　態	区　分		法人税法上の益金の額
（1）　資産（棚卸資産） 　　　の販売 （2）　（1）以外の資産の 　　　譲渡 （3）　役務（サービス） 　　　の提供 （4）　その他資本等取引 　　　以外収益	有償	時価	①会計処理 （現預金）1,000／（収入金額）1,000 ②税務処理（収入金額と益金が一致のた 　め処理なし）
		低額	①会計処理 （現預金）700／（収入金額）700 ②税務処理（時価との差額を益金の額に 　算入する） （益金対応額）300／（低額譲渡益）300
	無償※		①会計処理　なし ②税務処理（時価相当額を益金の額に算 　入する） （益金対応額）1,000／（無償譲渡益）1,000
（5）　無償による資産の 　　　譲受け（対価を支 　　　払わないで資産を 　　　贈与を受けて取得）	無償		①会計処理　なし ②税務処理（時価相当額の受贈益により 　資産を取得したとみなす） （資産）1,000／（資産受贈益）1,000

※　現物配当などの取扱い（下記（4）を参照）
　　無償による資産の譲渡に係る収益の額は、金銭以外の資産による利益または
剰余金の分配および残余財産の分配または引渡しその他これらに類する行為と
しての資産の譲渡に係る収益の額を含む。（法法22の2⑥）

（3）益金の額の申告調整 （法基通2-1-1の10（注）2）

　法人税法の時価である引渡し時の価額等が、取引対価の額を超える
場合において、その超える部分（「益金対応額」と仮称する）が、損
金不算入費用等に該当しない場合には、その益金対応額を申告調整に
より益金の額および損金の額に算入する必要はありません。それは、
その益金対応額が損金算入の費用または損失であれば、申告調整によ
り算入される益金の額と損金の額が同額であるため、所得の金額に影
響を与えないためです。損金不算入費用等とは、寄附金、交際費等の
損金不算入の費用、剰余金の配当等、資産の増加または負債の減少を
生ずるもので、申告調整が必須的な調整項目をいいます。以下に具体

例を示します。

① 損金算入の費用または損失の場合

　～新製品の広告宣伝用のため、定価1,000万円（原価800万円）の製品を、得意先に800万円で販売した例示

　引渡し時の価額等の1,000万円と対価800万円との差額の200万円は、下記の税務の仕訳により、益金の額と損金の額に算入されます。

　（広告宣伝費）200 ／（製品売上）200

　ただし、広告宣伝費は、損金の額に算入される費用であるため、益金算入額と損金算入額が同額で、法人税の所得の金額に影響を与えないため、申告調整は不要となります。

② 損金不算入費用の場合

　～親会社が、完全支配する子会社に、時価1,000万円（簿価600万円）の土地を対価800万円で売却した例示

　引渡し時の価額等の1,000万円と対価800万円との差額の200万円は、アの税務の仕訳により、イの申告調整が行われます。さらに、寄附金の損金不算入の規定によりウの申告調整が行われます。

　ア　（寄附金）200 ／（土地売却収入）200

　イ　益金算入額（土地売却収入）200

　　　損金算入額（寄附金）200

　ウ　益金算入額（寄附金の損金不算入額）200

③ 剰余金の配当等の場合

　～法人が、株主に対して時価1,000万円（簿価800万円）の土地を現物配当した例示

　引渡し時の価額等の1,000万円で土地が譲渡され、その収益の額を株主に対して配当したとして、アの税務の仕訳により、イの申告調整が行われます。また、ウで、剰余金の分配により税務上の利益剰余金が1,000万円減少します。さらに、土地の譲渡益200万円（1,000万円－800万円）に対して法人税が課されます。

　ア　（現預金）　　　　 1,000　／（土地譲渡収入）1,000
　　　（土地譲渡原価）　800　／（土　地）　　　　800
　　　（利益積立金額）1,000　／（現預金）　　　1,000

　　イ　益金算入額（土地売却収入）　1,000

　　ウ　剰余金の分配　（利益積立金額）△1,000

　　※　源泉所得税の仕訳は省略しています。

④　資産の増加の場合

　～下請会社が、製造業者から専属請負契約を条件に、時価1,000万円の特許権を無償で譲り受けた例示

　引渡し時の価額等の1,000万円は、アの税務の仕訳により、イの申告調整が行われます。また、ウで、資産である特許権が増加し、税務上の利益積立金額が増加します。

　　ア　（製品特許権）1,000　／（受贈益収入）1,000

　　イ　益金算入額（受贈益収入）1,000

　　ウ　資産の増加（特許権）1,000

（4）現物配当等に係る収益の額

> **法人税法第22条の２第６項（現物配当等に係る収益の額）**
> 　第22条の２第１項から第５項及び第21条第２項の場合には、無償による資産の譲渡に係る収益の額は、金銭以外の資産による利益又は剰余金の分配及び残余財産の分配又は引渡しその他これらに類する行為としての資産の譲渡に係る収益の額を含むものとする。

※　現物配当および残余財産の引渡しの取扱い

　株主に対する現物配当および残余財産の引渡しによる収益の額は益金の額に算入されます。

　現物配当とは、株主に対して金銭以外の資産そのものを利益または剰余金の分配として引き渡すことをいいます。また、残余財産の引渡しとは、株主に対して金銭以外の資産そのものを残余財産の分配として引き渡すことをいいます。法人税法は、現物配当および残余財産の引渡しは、法人が、株主に対して、金銭以外の資産を税法時価（法法22の２④に規定する時価）により譲渡し、その譲渡による収益の額を株主に対して分配したものとして取り扱います。したがって、その法人は、この資産の税法時価による収入金額が譲渡直前簿価を超えていれば、その差額について法人税が課されることになります。

③ 益金の額に算入する金額の特例

1. 益金の額に算入する金額の特例

（1）変動対価の特例 （法基通2-1-1の11）

　資産の販売等に係る契約の対価について、値引き、値増し、割戻しその他の事実（値引き等の事実）により変動する可能性がある部分の金額（変動対価）がある場合において、次の①、②、③のすべてを満たすときは、②により算定される変動対価のうち、変動対価に関する不確実性が解消されない金額につき、引渡し等事業年度において、確定した決算で収益の額の減額または増額の経理をした金額、または、確定申告書で益金算入額の減算または加算の申告をした金額は、引渡し時の価額等の算定に反映されることになります。

① 　値引き等の事実の内容および値引き等の事実が生ずることにより契約の対価の額から減額もしくは増額をする可能性のある金額またはその金額の客観的な算定基準が、その契約、法人の取引慣行もしくは公表した方針等により相手方に明らかにされていること、または、その事業年度終了の日において内部的に決定されていること。

② 　過去における実績を基礎とする等の合理的な方法のうち法人が継続して適用している方法により、①の減額または増額をする可能性または算定基準の基礎数値が見積もられ、その見積りに基づき収益の額を減額し、または増額することとなる変動対価が算定されていること。

③ 　①を明らかにする書類および②の算定の根拠となる書類が保存されていること。

【変動対価の取扱いの例示】

販売契約に売上高1,000万円に対してリベートを15%支払う条件が付いている場合

（現預金）1,000 ／ （収入金額）850（固定部分の対価）※
　　　　　　　　 ／ （返金負債）150（変動部分の対価）

※　計上された収益の著しい減額が発生しない可能性が高い部分の金額は、850
　万円である。

（2）売上割戻しの計上時期 （法基通2-1-1の12）

　販売した棚卸資産に係る売上割戻しについて変動対価の特例を適用
しない場合には、その売上割戻しの金額をその通知または支払いをし
た日の属する事業年度の収益の額から減額します。

（3）一定期間支払わない売上割戻しの計上時期（法基通2-1-1の13）

　法人が売上割戻しについて変動対価の特例を適用しない場合におい
て、その売上割戻しの金額につき相手方との契約等により特約店契約
の解約、災害の発生等特別な事実が生ずる時までまたは5年を超える
一定の期間が経過するまで相手方名義の保証金等として預かることと
しているため、相手方がその利益の全部または一部を実質的に享受す
ることができないと認められる場合には、その売上割戻しの金額につ
いては、法基通2-1-1の12にかかわらず、これを現実に支払った日
（その日前に実質的に相手方にその利益を享受させることとした場合
には、その享受させることとした日）の属する事業年度の売上割戻し
として取り扱うこととされています。

（4）実質的に利益を享受することの意義 （法基通2-1-1の14）

　「相手方がその利益の全部又は一部を実質的に享受すること」とは、
次に掲げるような事実があることをいいます。
①　相手方との契約等に基づいてその売上割戻しの金額に通常の金利
　を付すとともに、その金利相当額については現実に支払っているか、
　または相手方からの請求があれば支払うこととしていること。
②　相手方との契約等に基づいて保証金等に代えて有価証券その他の
　財産を提供することができることとしていること。
③　保証金等として預かっている金額が売上割戻しの金額のおおむね
　50％以下であること。
④　相手方との契約等に基づいて売上割戻しの金額を相手方名義の預

金または有価証券として保管していること。

（5）値増金の益金算入の時期 <small>（法基通2-1-1の15）</small>

　法人が請け負った建設工事等に係る工事代金につき資材の値上り等に応じて一定の値増金を収入することが契約において定められている場合において、変動対価の特例を適用しないときは、その収入すべき値増金の額については、次の場合の区分に応じ、それぞれ次によることとされます。ただし、その建設工事等の引渡しの日後において相手方との協議によりその収入すべき金額が確定する値増金については、その収入すべき金額が確定した日の属する事業年度の収益の額を増額します。

　①　当該建設工事等が法基通2-1-21の2に規定する履行義務が一定の期間にわたり充足されるものに該当する場合（法基通2-1-21の7本文の取扱いを適用する場合を除く）

　　　値増金を収入することが確定した日の属する事業年度以後の法基通2-1-21の5による収益の額の算定に反映します。

　②　①の場合以外の場合

　　　その建設工事等の引渡しの日の属する事業年度の益金の額に算入します。

（6）相手方に支払われる対価 <small>（法基通2-1-1の16）</small>

　資産の販売等に係る契約において、いわゆるキャッシュバックのように相手方に対価が支払われることが条件となっている場合（損金不算入費用等に該当しない場合に限る）には、次に掲げる日のうちいずれか遅い日の属する事業年度においてその対価の額に相当する金額を当該事業年度の収益の額から減額します。

　①　その支払う対価に関連する資産の販売等に係る法法22の2①に規定する日または法法22の2②に規定する近接する日

　②　その対価を支払う日またはその支払を約する日

　商品Aは単価10万円ですが、1回に500個以上購入した場合には対価の10％をキャッシュバックする契約です。この契約により1回に

1,000個販売した場合に、収益認識の新基準を適用した場合の会計処理は以下のとおりです。

　（現預金）9,000／（収入金額）9,000

※1　キャッシュバック等が、寄附金、交際費等に該当する場合は、法人税法上は、寄附金または交際費の認定損が申告調整され、同額の益金の額が計上されます。

※2　平成30年改正前は法基通9-7-1により、商品等の抽選権付販売により当選者に金品等を交付する場合に要する景品等の費用の額は、当選者から抽選券の引換請求日の属する事業年度の損金の額に算入していました。しかし、キャッシュバック等に該当する取引をこの通達から除外しました。

※3　キャッシュバック等以外のものは、引き続き販売費及び一般管理費の広告宣伝費等として、支払債務の確定した日の属する事業年度の損金の額に算入します。

第 9 章

収益の帰属時期の税務

　収益の認識基準の3要素は、「収益の定義」、「収益の帰属時期」および「収益の額」です。収益の定義は何が収益になるかという範囲の確定であり、収益の帰属時期はいつの事業年度の収益になるかの時期の確定で、収益の額はいくらの金額を計上するかの確定です。収益のこの3要素が確定しないと、会計上の利益が確定しませんし、法人税の所得の金額も確定しません。

　本章では、収益の帰属時期について、その原則と特則を、条文および基本通達により解説していきます。

① 収益の帰属時期の原則

1．収益の帰属時期の原則

（1）引渡し基準の原則（法法22の2①）

　法人税法は、資産の販売等に係る収益の額の帰属時期は、その資産の販売等に係る目的物の引渡しの日または役務の提供の日の属する事業年度とすることを原則としています。

（2）近接日の特例（法法22の2②）

　近接日の属する事業年度の確定した決算において、収益経理をして近接日の属する事業年度の益金の額に算入させることができます。近接日とは、委託販売における売上計算書到達日、電気業、ガス業における検針日等です。また、近接日の特例は、継続適用を条件としています。

（3）申告による益金算入のみなし収益経理（法法22の2③）

　近接する日の属する事業年度の法人税の当初申告書にその資産の販売等に係る収益の額が、申告調整により別表加算されて益金の額に算入されている場合には、（2）を適用し、その事業年度の益金の額とすることができます。

2．役務の提供に係る収益の額の帰属時期の通則

（1）履行義務が一定期間にわたり充足される収益の額

① 帰属時期の原則（法基通2-1-21の2）

　役務の提供（工事進行基準を除く。以下同じ）のうち、履行義務が一定の期間にわたり充足されるものについては、その履行の着手日から引渡し等の日までの期間において履行義務が充足されていくそれぞ

れの日が、役務の提供の日に該当し、その収益の額は、その履行義務が充足されていくそれぞれの日の属する事業年度の益金の額に算入されます。

② 一定期間に充足されるもの（法基通2-1-21の4）

次のいずれかを満たすものは履行義務が一定の期間にわたり充足されるものに該当します。

　ア　取引における義務を履行するにつれて、相手方が便益を享受すること（清掃サービスなどの日常的または反復的なサービス）。

　イ　取引における義務を履行することにより、資産が生じまたは資産の価値が増加し、それにつれて、相手方がその資産を支配すること。

　ウ　次の要件を満たすこと。

　　義務の履行により別の用途に転用できない資産が生じ、かつ、義務の履行を完了した部分について、対価の額を収受する強制力のある権利を有していること。

③ 履行義務が一定期間にわたり充足される収益の額の算定の通則

　（法基通2-1-21の5）

履行着手日の属する事業年度から引渡し等の日の属する事業年度の前事業年度までの各事業年度の所得の金額の計算上益金の額に算入する収益の額は、別に定めるものを除き、役務につき通常得べき対価の額にその各事業年度終了時までの履行義務の充足に係る進捗度を乗じた金額から、その各事業年度前の各事業年度の収益計上額を控除した金額とします。

④ 履行義務の充足に係る進捗度（法基通2-1-21の6）

履行義務の充足に係る進捗度とは、役務の提供に係る原価の額の合計額のうちにその役務の提供のために既に要した原材料費、労務費その他の経費の額の合計額の占める割合その他の履行義務の進捗の度合を示すものとして合理的なものに基づいて計算した割合をいいます。

（2）履行義務が一時点で充足される収益の額の帰属時期
（法基通2-1-21の3）

役務の提供のうち履行義務が一定の期間にわたり充足されるもの以外のもの（履行義務が一時点で充足されるもの）については、その引渡し等の日が役務の提供の日に該当し、その収益の額は、引渡し等の日の属する事業年度の益金の額に算入されます。

② 取引形態別の収益計上時期の具体例

1．棚卸資産

（1）棚卸資産の販売 （法基通2-1-2）

棚卸資産の販売に係る引渡し日は、①出荷日、②船積み日、③着荷日、④検収日、⑤使用収益可能日等、その棚卸資産の種類および性質、契約内容等に応じ合理的と認められる日のうち継続して収益計上している日とします。

また、土地等の棚卸資産については、①代金の50％以上を収受した日または②所有権移転登記申請日（申請書類の交付日を含む）のうちいずれか早い日を引渡し日とすることができます。

（2）委託販売の売上計算書到達基準 （法基通2-1-3）

委託販売に係る収益の額の帰属時期は、原則として受託者が販売した日の属する事業年度とし、例外的に売上計算書到達日を、引渡し日の近接日とします。

（3）ガス、水道、電気等の検針日基準 （法基通2-1-4）

ガス、水道、電気等の販売をする場合の収益の額の帰属時期は、検針日を引渡し日の近接日とします。

◉◉ **実務の着眼点（収益の帰属時期の選択適用）**

法人税法は、収益の帰属時期について、複数の選択肢を与えています。例えば、棚卸資産の販売に係る引渡し日は、その棚卸資産の種類および性質、契約内容等に応じ合理的と認められる日のうち継続して収益計上している日としています。引渡し日をいつの時点にするかによって、法人のその事業年度の収益の金額が変わることになります。そのため、法人にとって、最も合理的で、かつ、有利な引渡し日を選択適用する必要があります。

2．固定資産

（1）固定資産の譲渡等 （法基通 2 - 1 -14）

固定資産の譲渡に係る収益の額の帰属時期については、原則としてその引渡し日の属する事業年度とし、例外的に契約の効力発生日を近接日とします。

（2）農地の譲渡 （法基通 2 - 1 -15）

農地の譲渡契約は、農地法上の許可を受けなければその効力を生じないものであるため、法人がその許可のあった日において収益計上をしているときは、その許可があった日は、引渡し日の近接日とします。

（3）工業所有権等の譲渡 （法基通 2 - 1 -16）

工業所有権等（特許権、実用新案権、意匠権、商標権、これらの出願権および実施権）の譲渡については、①契約の効力発生日または②効力発生の登録日を、引渡し日の近接日とします。

3．役務の提供

（1）請　　負

①　帰属時期（法基通2-1-21の7）

　請負（工事進行基準を除く）に係る収益の帰属時期は、原則として引渡し等の日ですが、法基通2-1-21の4（一定期間に充足されるもの）に該当する場合には、法基通2-1-21の5（履行義務が一定期間にわたり充足される収益の額の算定の通則）によることを認めています。

②　建設工事等の引渡し日（法基通2-1-21の8）

　建設工事等の引渡日は、①作業結了日、②受入場所搬入日、③検収完了日、④使用収益可能日等、その建設工事等の種類および性質、契約の内容等に応じ合理的であると認められる日のうち、継続して収益計上を行う日によります。

（2）不動産仲介報酬（法基通2-1-21の9）

　土地建物等の売買等仲介による報酬の額の帰属時期は、原則として契約の効力発生日ですが、例外として取引完了日（同日前の収受額はその収受日）を、役務提供日の近接日とします。

（3）技術役務の提供に係る報酬（法基通2-1-21の10）

　設計、作業の指揮監督、技術指導その他の技術役務の提供を行ったことにより受ける報酬の額の帰属時期は、以下のとおりです。

①　原　則

　その約した役務の全部の提供を完了した日の属する事業年度の益金の額に算入します。

　ただし、法基通2-1-1の5（履行義務が一定期間にわたり充足される収益の額の算定の通則）の取扱いを適用する場合には、その支払を受けるべき報酬の額が確定する都度その確定した金額をその確定した日の属する事業年度の益金の額に算入します。

② **長期未収部分**

　その支払を受けることが確定した金額のうち役務の全部の提供が完了する日までまたは1年を超える相当の期間が経過する日まで支払を受けることができないこととされている部分の金額については、その完了する日とその支払を受ける日とのいずれか早い日まででその報酬の額を益金の額に算入することを見合わせることができます。

　上記の取扱いは、その履行義務が一定の期間にわたり充足されるものに該当する場合（法基通2-1-21の7の取扱いを適用する場合を除く）を除きます。

（4）運送収入 （法基通2-1-21の11）

　運送収入の額は、運送契約の種類、性質、内容等に応じ、①乗車券、乗船券、搭乗券等を発売した日（自動販売機によるものは集金時）または②船舶、航空機等が積地を出発した日等を、役務の提供日の近接日とします。

4．有価証券

（1）有価証券の譲渡

① **原　則** （法基通2-1-22）

　有価証券の譲渡損益の額の帰属時期は、原則として譲渡契約の成立日（約定日）とします。

次の有価証券の譲渡の形態ごとに、次に掲げる日となります。

　　ア　証券会社等への委託契約による場合
　　　　：実際の売買契約成立日
　　イ　証券会社等との相対取引による場合
　　　　：相対取引の約定の効力発生日（約定日、売買契約締結日）
　　ウ　特殊な有価証券の譲渡等の場合
　　　　：客観的に譲渡等が明らかとなる日、効力発生日

② **特　例**（法基通2-1-23）

　有価証券の譲渡損益の額の帰属時期は、上記①を原則としますが、法人が譲渡損益の額を有価証券の引渡し日に計上している場合には、継続適用を条件として、これを認めています。ただし、約定済で未渡しとなっている有価証券の譲渡損益については原則の取扱いとなります。

　なお、有価証券の取得についても、譲渡の場合に使用する経理処理と同様の処理を採用しなければなりません。

（2）現渡しの方法による決済を行った場合

　信用取引（顧客が有価証券の取引を行う際に、証券会社から必要な資金や有価証券を借り入れて行う取引）の方法により株式の売付けを行った場合においていわゆる現渡しの方法（信用取引の方法により売付けを行った場合に、他で買い入れた有価証券または手持有価証券を返却して決済を行う方法）による決済を行ったときは、その取引に係る譲渡損益の額は、当該決済に係る約定が成立した日に計上します。

5．利子、配当、使用料等

（1）貸付金利子等（法基通2-1-24）

　貸付金、預金、貯金または有価証券（貸付金等）から生ずる利子の額の帰属時期は、利子の計算期間経過に応じた事業年度、つまり、発生主義による未収収益の計上を原則とします。ただし、金融および保険業を営む法人以外の法人については、利子の支払期日が1年以内の一定期間ごとに到来するものの額につき、継続してその支払期日に属する事業年度の益金の額に算入している場合には、この利払期基準を認めています。

（2）剰余金の配当等

① **原　則**（法基通2-1-27）

　剰余金の配当等の額の帰属時期は、次のようになります。

ア　剰余金の配当：配当の効力発生日

イ　利益の配当または剰余金の分配

　　：法人の社員総会等における決議日。持分会社において定款で定めた日

ウ　金銭の分配：金銭の分配の効力発生日

エ　特定目的会社に係る中間配当：取締役の決定のあった日

オ　投資信託の収益の分配（信託開始から終了時までの間）

　　：計算期間の末日

カ　投資信託の収益の分配（終了または一部解約）

　　：終了または解約日

キ　みなし配当

　　：みなし配当の発生事由に応じ、発生事由の効力発生日

② **特　例**（法基通2-1-28）

　法人が、他の法人から受ける剰余金の配当等の額でその支払のために通常要する期間内に支払を受けるものにつき継続してその支払を受けた日、いわゆる現金基準で収益計上している場合には、法基通2-1-27にかかわらず、これを認めています。

（3）賃貸借契約に基づく使用料等（法基通2-1-29）

　賃貸借契約に基づく使用料等は、原則として法基通2-1-21の2に該当し、期間の経過に応じて益金計上されますが、契約または慣習によりその支払を受けるべき日または係争が解決し支払を受けることとなる日を近接日とします。

（4）工業所有権などの実施権の設定（法基通2-1-30の2）

　工業所有権等の実施権の設定により受ける対価（使用料を除く）の額につき法人が次に掲げる日において収益計上を行っている場合には、次に掲げる日はその役務の提供の日の近接日とします。

　①　その設定に関する契約の効力発生の日

　②　その設定の効力が登録により生ずることとなっている場合におけるその登録の日

（5）ノウハウの頭金等（法基通 2-1-30の 3）

　ノウハウの設定契約に際して支払（返金が不要な支払を除く）を受ける一時金または頭金に係る収益の額は、そのノウハウの開示を完了した日の属する事業年度の益金の額に算入します。

　ただし、法基通 2-1-1の 6（履行義務の充足に係る進捗度）の取扱いを適用する場合には、その開示をした都度これに見合って支払を受けるべき金額をその開示をした日の属する事業年度の益金の額に算入します。

（6）工業所有権等の使用料（法基通 2-1-30の 5）

　工業所有権等またはノウハウを他の者に使用させたことにより支払を受ける使用料の額について、法人が継続して契約によりその使用料の額の支払いを受けることとなっている日において収益計上を行っている場合には、その支払を受けることとなっている日は、その役務の提供の日の近接日とします。

6．その他収益等

（1）商品引換券等の発行（法基通 2-1-39）

① 原　則

　商品引換券等を発行するとともにその対価の支払を受ける場合におけるその対価の額は、その商品の引渡し等（商品引換券等に係る商品の引渡し等を他の者が行うこととなっている場合におけるその商品引換券等と引換えにする金銭の支払を含む。以下、法基通 2-1-39において同じ）に応じてその商品の引渡し等のあった日の属する事業年度の益金の額に算入します。

② 非行使部分

　その商品引換券等の発行の日から10年が経過した日（同日前に次に掲げる事実が生じた場合には、その事実が生じた日）の属する事業年

度終了の時において商品の引渡し等を完了していない商品引換券等が
ある場合には、その商品引換券等に係る対価の額をその事業年度の益
金の額に算入します。

　　ア　法人が発行した商品引換券等をその発行に係る事業年度ごとに
　　　区分して管理しないことまたは管理しなくなったこと。
　　イ　その商品引換券等の有効期限が到来すること。
　　ウ　法人が継続して収益計上を行うこととしている基準に達したこ
　　　と。

（2）自己発行ポイント等の付与（法基通2-1-39の3）

①　原　則

　法人が法基通2-1-1の7（ポイント等を付与した場合の収益の計
上の単位）の取扱いを適用する場合には、前受けとした額は、将来の
資産の販売等に際して値引き等をするに応じて、その失効をすると見
積もられる自己発行ポイント等も勘案して、その値引き等をする日の
属する事業年度の益金の額に算入します。

②　非行使部分

　その自己発行ポイント等の付与の日から10年が経過した日（同日前
に次に掲げる事実が生じた場合には、当該事実が生じた日）の属する
事業年度終了の時において行使されずに未計上となっている自己発行
ポイント等がある場合には、その自己発行ポイント等に係る前受けの
額を当該事業年度の益金の額に算入します。

　　ア　法人が付与した自己発行ポイント等をその付与に係る事業年度
　　　ごとに区分して管理しないことまたは管理しなくなったこと。
　　イ　その自己発行ポイント等の有効期限が到来すること。
　　ウ　法人が継続して収益計上を行うこととしている基準に達したこ
　　　と。

（3）返金不要の支払（法基通2-1-40の2）

①　原　則

　資産の販売等に係る取引を開始するに際して、相手方から中途解約

のいかんにかかわらず取引の開始当初から返金が不要な支払を受ける場合には、その取引の開始の日の属する事業年度の益金の額に算入します。

② 前受的性格の場合

ただし、当該返金が不要な支払が、契約の特定期間における役務の提供ごとに、それと具体的な対応関係をもって発生する対価の前受けと認められる場合において、その支払をその役務の提供の対価として、継続してその特定期間の経過に応じてその収益の額を益金の額に算入しているときは、その処理が認められます。

※　「返金が不要な支払」には、例えば、次のようなものが該当する。
　ア　工業所有権等の実施権の設定の対価として支払を受ける一時金
　イ　ノウハウの設定契約に際して支払を受ける一時金または頭金
　ウ　技術役務の提供に係る契約に関連してその着手費用に充当する目的で相手方から収受する仕度金、着手金等のうち、後日精算して剰余金があれば返還することとなっているもの以外のもの
　エ　スポーツクラブの会員契約に際して支払を受ける入会金

（4）保証金等のうち返還しないものの額 （法基通2-1-41）

資産の賃貸借契約等に基づいて保証金、敷金等として受け入れた金額（賃貸借の開始当初から返還が不要なものを除く）であっても、期間の経過その他その賃貸借契約等の終了前における一定の事由の発生により返還しないこととなる部分の金額は、その返還しないこととなった日の属する事業年度の益金の額に算入します。

※　例えば、保証金、敷金等ついて、一定期間経過するごとにその一定部分を返還しないなどという契約の場合がこれにあたります。

③　長期請負工事の特例（工事進行基準）

１．長期大規模工事の特例（強制適用）（法法64①）

（1）特例の概要

　長期大規模工事（製造およびソフトウエアの開発を含む）の請負をしたときは、その着手の日の属する事業年度からその目的物の引渡しの日の属する事業年度の前事業年度までの各事業年度の所得の金額の計算上、その長期大規模工事の請負に係る収益の額および費用の額のうち、工事進行基準の方法により計算した金額を、各事業年度の益金の額および損金の額に算入します。

（2）長期大規模工事の意義

　長期大規模工事とは、次のいずれにも該当するものをいいます（法令129①②）。

①　請負期間が１年以上であること
②　工事の請負金額が10億円以上であること
③　請負対価の額の１／２以上がその目的物の引渡期日から１年を経過する日後に支払うことが定められていないこと

（3）工事進行基準を適用しなくてよい場合（法令129⑥）

①　着手日から６月を経過していないもの
②　工事進行割合が20％未満であるもの

（4）工事進行基準による計算

①　工事中の事業年度
　ア　収益の額：請負に係る収益の額×工事進行割合－既計上収益の累計額
　イ　費用の額：期末の見積総工事原価の額×工事進行割合－既計上工事原価の累計額

② 工事完成事業年度
　ア　収益の額：請負に係る収益の額 − 既計上収益の累計額
　イ　費用の額：実際総工事原価の額 − 既計上工事原価の累計額
③ 工事進行割合
　工事進行割合＝着工から当期末までの実際工事原価の累計額 ／
　　　　　　　　　当期末の見積総工事原価

　ただし、上記の割合のほか、工事の進行度合いを示すものとして合理的と認められるものに基づいて計算した割合によることも認められます。

（5）申告調整の方法

　長期大規模工事は、工事進行基準が強制適用のため、工事進行基準を適用していない場合には、所得の金額の計算上、申告調整がされます。

2．長期請負工事の特例（任意適用）（法法64②）

（1）特例の概要

　着工事業年度中に、その目的物の引渡しが行われない工事（長期大規模工事を除く）の請負をした場合において、その工事の請負に係る収益の額および費用の額につき、着工事業年度からその工事の目的物の引渡しの日の属する事業年度の前事業年度までの各事業年度の確定した決算において工事進行基準の方法により経理したときは、その経理した収益の額および費用の額は、継続適用を条件に、各事業年度の益金の額および損金の額に算入します。

（2）長期請負工事の意義

　長期請負工事とは、着工事業年度中にその目的物の引渡しが行われない工事で、上記1．の長期大規模工事に該当するもの以外の工事をいいます。

（3）工事進行基準による計算

　工事進行基準による収益の額および費用の額の計算方法は上記1.（4）と同様です。また、工事進行基準は、工事ごとに選択適用できます。任意適用のため、申告調整はされません。

👀 実務の着眼点（工事進行基準の適用）

　法人税法上の工事進行基準は、法法64に規定されている長期請負工事の特例が該当します。法人税法の収益の帰属時期の原則は、引渡し基準ですので、工事進行基準は特例になります。また、法法64①に規定する請負金額が10億円以上の長期大規模工事は強制適用ですが、それ以外の工事進行基準の適用は工事ごとの任意選択です。したがって、長期請負工事も引渡し日までは収益を計上せず、工事原価を仕掛工事として資産計上するのが原則です。

④　長期大規模工事の特例の例示

　長期大規模工事の特例について、具体的な例示をみてみましょう。

　当社は、当社の第1期（4月1日より3月31日）の10月1日に、B株式会社と、以下の工事請負契約を締結した。

【工事請負契約の内容】

（単位：百万円）

> （1）工事の請負金額　50,000
> （2）工事の見積工事原価　40,000
> （3）契約日　第1期10月1日
> （4）引渡し予定日　第4期9月30日
> （5）支払条件　第1期10月10日に着工金30,000を支払い、残金
> 　　　　　　　　は引渡し日から1か月以内に支払う

（6）実際の工事原価発生状況

　　① 第1期　10,000
　　② 第2期　10,000
　　③ 第3期　10,000
　　④ 第4期　10,000

※1　収益の認識方法の判断
　　物の引渡しを要する請負契約の場合、その収益は、その目的物の全部を完成して相手方に引き渡した日の属する事業年度に帰属することが原則であるが、当該工事は請負金額が10億円以上かつ請負期間が1年以上であること、ならびに、請負対価の額の1／2以上がその目的物の引渡期日から1年を経過する日後に支払うことが定められていないことから、長期大規模工事に該当するので、工事進行基準が強制適用される（法令129①②）。

※2　工事進行基準を適用しなくてよい場合（法令129⑥）
　　① 着手日から6月を経過していないもの
　　② 工事進行割合が20%未満であるもの

【各事業年度ごとの収益、費用、利益の額の計算】　　　（単位：百万円）

第1期	収益の額　（1）50,000×10,000/40,000＝12,500 費用の額　（2）40,000×10,000/40,000＝10,000 利益の額　（3）（1）－（2）＝2,500
第2期	収益の額　（1）50,000×20,000/40,000－12,500＝12,500 費用の額　（2）40,000×20,000/40,000－10,000＝10,000 利益の額　（3）（1）－（2）＝2,500
第3期	収益の額　（1）50,000×30,000/40,000－25,000＝12,500 費用の額　（2）40,000×30,000/40,000－20,000＝10,000 利益の額　（3）（1）－（2）＝2,500
第4期	収益の額　（1）50,000－37,500＝12,500 費用の額　（2）40,000－30,000＝10,000 利益の額　（3）（1）－（2）＝2,500

第 **10** 章

手続規定と
青色申告制度

　法人税額の計算は、法人税申告書において、課税標準である法人税の所得の金額の計算をして算出します。そして、納税義務者は、この法人税の確定申告書を提出期限までに申告し、納期限までに法人税を納付する義務があります。また、災害等により、申告期限までに申告納付ができない場合もあります。ときには、すでに申告した申告書に誤りが見つかり、訂正をする必要が生ずることもあります。このような法人税の申告の手続等に関する事項は、国税通則法および法人税法で規定されています。また、法人の適正な会計帳簿の備え付けを促進するために、青色申告制度があります。

１　確定申告および納付

１．確定申告および納付

（１）確定申告　（法法74①）

　内国法人は、各事業年度終了の日の翌日から２月以内に、税務署長に対し、確定した決算に基づき次の事項を記載した申告書を提出しなければなりません。

① 　その事業年度の課税標準である所得の金額または欠損金額
② 　①に掲げる所得の金額につき計算した法人税の額
③ 　②の額から控除しきれなかった所得税額等がある場合には、その金額
④ 　その事業年度につき中間申告書を提出した法人である場合には、②の額から中間納付額を控除した金額
⑤ 　④で控除しきれなかったものがある場合には、その控除しきれなかった金額
⑥ 　①から⑤に掲げる金額の計算の基礎等

（２）確定申告による納付　（法法77）

　上記（１）の確定申告書を提出した内国法人は、その申告書に記載した上記（１）②または④の金額があるときは、その申告書の提出期限までに、その金額に相当する法人税を国に納付しなければなりません。

２．確定申告書の提出期限の延長の特例

（１）災害等による申告期限の延長

① **国税通則法に基づく延長**（通則法11）
　国税庁長官等が、災害その他やむを得ない理由により、国税に関す

る法律に基づく申告その他書類の提出、納付または徴収に関する期限までに、これらの行為をすることができないと認めるときは、その理由のやんだ日から2月以内に限り、その期限を延長することができます。

② **法人税法に基づく延長**（法法75）

確定申告書を提出すべき内国法人が、災害その他やむを得ない理由により決算が確定しないため、その申告書を提出期限までに提出することができないと認められる場合には、上記①によりその提出期限が延長された場合を除き、納税地の所轄税務署長は、その内国法人の申請に基づき、期日を指定してその提出期限を延長することができます。

この申請は、確定申告書に係る事業年度終了の日の翌日から45日以内に、その申告書の提出期限までに決算が確定しない理由、その指定を受けようとする期日その他一定の事項を記載した申請書をもってしなければなりません。

（2）定款等の定めによる提出期限の延長（法法75の2）

確定申告書を提出すべき法人が、定款等の定めにより、またはその内国法人に特別の事情があることにより、その事業年度以後の各事業年度終了の日の翌日から2月以内にその各事業年度の決算についての定時総会が招集されない常況にあると認められる場合には、納税地の所轄税務署長は、その内国法人の申請に基づき、その事業年度以後の各事業年度の確定申告書の提出期限を1月間延長することができます。また、次の場合には、延長期間はそれぞれ次のとおりになります。

① その内国法人が会計監査人を置いている場合で、かつ、定款等の定めにより、各事業年度以後の各事業年度終了の日の翌日から3月以内にその事業年度の決算についての定時総会が招集されない常況にあると認められる場合には、その定めの内容を勘案して4月を超えない範囲内において税務署長が指定する月数の期間

② 特別の事情があることによりその事業年度以後の各事業年度終了の日の翌日から3月以内に各事業年度の決算についての定時総会が招集されない常況にあることその他やむを得ない事情があると認め

られる場合には、税務署長が指定する月数の期間

※ 「定款等の定めにより」とは、株式会社の定款において、「当会社の定時株主総会は、毎事業年度の終了後3月以内に招集し、臨時株主総会は必要がある場合に招集する。」と規定されている場合等をいいます。

（3）利子税 （法法75⑦、法法75の2⑧、措法93）

国税通則法に基づく災害等による申告期限の延長の場合を除き、申告期限の延長の規定の適用を受ける法人は、確定申告書に係る事業年度の所得に対する法人税の額に、その事業年度終了の日の翌日以後2月を経過した日から延長された期間の日数に応じ、年7.3％または利子税特例基準割合のいずれか低い利率を乗じて計算した利子税を、その計算の基礎となる法人税とあわせて納付しなければなりません。

利子税特例基準割合とは、「平均貸付割合＋年0.5％」の割合です。その年の平均貸付割合は、前々年9月から前年8月の国内銀行の貸出約定平均金利（新規・短期）の平均割合として財務大臣が告示する割合です。

（4）還付加算金 （通則法58、措法95）

税務署長は、還付金を還付等する場合には、その還付金の納付日（その日が法定納期限前である場合には、その法定納期限）の翌日からその還付の支払決定日までの期間の日数に応じ、その金額に年7.3％または還付加算金特例基準割合のいずれか低い利率を乗じて計算した還付加算金をその還付金等に加算しなければなりません。

還付加算金特例基準割合とは、「平均貸付割合＋年0.5％」の割合です。その年の平均貸付割合は、前々年9月から前年8月の国内銀行の貸出約定平均金利（新規・短期）の平均割合として財務大臣が告示する割合です。

（5）見込納付

国税通則法に基づく災害等による申告期限の延長の場合を除き、申告期限の延長の規定の適用を受けた場合においても、その事業年度終

了の日の翌日以後2月を経過した日から利子税が課されますので、確定申告期限までに法人税額の見込額を納付することで、利子税の課税を回避することができます。

なお、見込納税額と確定納税額とに差異が生じた場合には以下のとおりになります。

① 見込納税額が、確定納税額より過少であった場合

過少額を延長申告期限までに納付しなければなりません。また、その過少額に対しては利子税が課されます。この利子税は、法人税の所得の計算上、損金の額に算入されます。

② 見込納税額が、確定納税額より過大であった場合

過大額については、確定申告書の提出後に還付されます。また、その過大額に対して還付加算金が加算されます。この還付加算金は、法人税の所得の計算上、益金の額に算入されます。

② 中間申告

（1）中間申告の原則　（法法71①、法法73）

内国法人である普通法人は、事業年度が6月を超える場合には、中間申告期限（事業年度開始日以後6月を経過した日から2月以内）までに、予定申告額（前事業年度の法人税の納税額÷前事業年度の月数×6）およびその金額の算定の基礎等を記載した中間申告書を提出しなければなりません。

ただし、その予定納税額が10万円以下である場合またはその金額がない場合には、中間申告書を提出する必要はありません。

なお、中間申告書を提出する必要がある普通法人がその提出期限までに中間申告書を提出しなかった場合には、その普通法人はその提出期限に中間申告書の提出があったものとみなされます。そのため、中間申告書を提出しなかった場合でも、中間申告期限までに予定申告額を納付しなければなりません。

（2）仮決算をした場合の中間申告 （法法72）

① 　内国法人である普通法人が仮決算（その事業年度開始の日以後6月の期間を1事業年度とみなして、その期間に係る所得の金額または欠損金額を計算）をした場合には、上記（1）の事項に代えて、仮決算に基づく所得の金額または欠損金額および法人税額並びに金額の計算の基礎等の事項を記載した中間申告書と貸借対照表、損益計算書等を提出し、その法人税額を、その提出期限までに納付することができます。

② 　次の場合には仮決算に基づく中間申告書を提出することはできません。

　ア　予定申告額が10万円以下である場合またはその金額がない場合

　イ　仮決算に基づく法人税額が予定申告額を超える場合

③ 　更正の請求および修正申告

1．更正の請求 （通則法23）

（1）原　則

　納税申告書を提出した法人は、次のずれかに該当する場合には、その申告書に係る国税の法定申告期限から5年（②に掲げる場合のうち法人税に係る場合については10年）以内に限り、税務署長に対し、その申告に係る課税標準等または税額等（更正または再更正があった場合には、その更正後の課税標準等または税額等）について、更正の請求をすることができます。

① 　その申告書に記載した課税標準等もしくは税額等の計算が国税に関する法律の規定に従っていなかったことまたはその計算に誤りがあったことにより、その申告書の提出により納付すべき税額（その税額に関し更正等があった場合には、その更正等後の税額）が過大であるとき。

②　①に規定する理由により、その申告書に記載した欠損金額（その金額に関し更正等があった場合には、その更正等後の金額）が過少であるとき、またはその申告書（その申告書に関し更正等があった場合には、更正通知書）に欠損金額の記載がなかったとき。

③　①に規定する理由により、その申告書に記載した還付金の額に相当する税額（その税額に関し更正等があった場合には、その更正等後の税額）が過少であるとき、またはその申告書（その申告書に関し更正等があった場合には、更正通知書）に還付金の額に相当する税額の記載がなかったとき。

（2）後発的理由によるもの

　納税申告書を提出した法人または決定を受けた法人は、次のいずれかに該当する場合（納税申告書を提出した法人については、次の①から③に定める期間の満了する日が上記1に規定する期間の満了する日後に到来する場合に限る）には、上記1にかかわらず、次の①から③に定める期間において、その該当することを理由として更正の請求をすることができます。

①　その申告、更正等または決定に係る課税標準等または税額等の計算の基礎となった事実に関する訴えについての判決（判決と同一の効力を有する和解その他の行為を含む）により、その事実がその計算の基礎としたところと異なることが確定したときは、その確定した日の翌日から起算して2月以内

②　その申告、更正等は決定に係る課税標準等または税額等の計算にあたってその申告をし、または決定を受けた者に帰属するものとされていた所得その他課税物件が他の者に帰属するものとする他の者に係る国税の更正または決定があったときは、その更正または決定があった日の翌日から起算して2月以内

③　その他法人税の法定申告期限後に生じた上記①および②に類するやむを得ない理由があるときは、その理由が生じた日の翌日から起算して2月以内

2．修正申告（通則法19）

　納税申告書を提出した者もしくは更正または決定を受けた者は、次の場合には、その申告もしくは更正または決定について更正または再更正があるまでは、その申告に係る課税標準等または税額等を修正する納税申告書を税務署長に提出することができます。

① 　先の申告書に記載した納税額もしくは更正通知書または決定通知書に記載された税額に不足額があるとき

② 　先の申告書に記載した欠損金等の金額または更正通知書に記載された欠損金等の金額が過大であるとき

③ 　先の申告書に記載した還付金の額もしくは更正通知書または決定通知書に記載された還付金の額が過大であるとき

④ 　先の申告書に納付すべき税額を記載しなかった場合または納付すべき税額がない旨の更正を受けた場合において、その納付すべき税額があるとき

👀 実務の着眼点（更正の請求の理由）

　法人税法上認められる税額計算方法が2つ以上ある場合において、そのいずれかを選択して納税申告書を提出した法人が、その後、他の方法を選択して税額計算をすると税額が少なくなることに気付き、更正の請求をしたとします。しかし、通則法23は、更正の請求をすることができる理由を、「その納税申告書に記載された課税標準等または税額等の計算が国税に関する法律の規定に従っていなかったことまたはその計算に誤りがあったことにより」としています。そのため、法人がすでに選択した計算方法の変更は、「計算に誤りがあったこと」ではないことから更正理由に該当しないため、減額更正を受けることができない場合があります。したがって、複数の認められる計算方法がある場合の有利選択は、慎重に行う必要があります。

④　更正、決定および再更正

1．更正（通則法24）

　税務署長は、納税申告書の提出があった場合において、その納税申告書に記載された課税標準等または税額等の計算が国税に関する法律の規定に従っていなかったとき、その他その課税標準等または税額等がその調査したところと異なるときは、その調査により、その申告書に係る課税標準等または税額等を更正します。

　更正には、税額等が増加する「増額の更正」と、税額等が減少する「減額の更正」があります。

2．決定（通則法25）

　税務署長は、納税申告書を提出する義務があると認められる者が、その申告書を提出しなかった場合には、調査により、その申告書に係る課税標準等および税額等を決定します。ただし、決定により納付すべき税額および還付金の額に相当する税額が生じないときは、決定はしません。

3．再更正（通則法26）

　税務署長は、更正または決定をした後、その更正または決定をした課税標準等または税額等が過大または過少であることを知ったときは、調査により、その更正または決定に係る課税標準等または税額等を再更正します。

4．過少申告加算税（通則法65）

　期限内申告書または正当理由に基づく期限後申告書に係る修正申告または増額更正があったときは、以下の区分に応じた過少申告加算税

が課されます。ただし、修正申告または更正の原因となった事実について正当な理由がある場合または調査通知前に更正されることを予知しないで修正申告をした場合には、加算税は課されません。

① 調査通知後に更正されることを予知しないで修正申告をした場合には、納付すべき税額の5％（期限内納付額と50万円のいずれか多い金額を超える部分の税額には10％）

② ①以外の場合は、納付すべき税額の10％（期限内納付額と50万円のいずれか多い金額を超える部分の税額には15％）

5. 無申告加算税 （通則法66）

期限後申告書の提出または決定があった場合もしくは期限後申告書の提出または決定後に修正申告書の提出または更正があった場合には、次の区分に応じた無申告加算税が課されます。

ただし、期限後申告書が提出できなかったことについて正当な理由がある場合または調査があったことにより決定を予知したものでなく、法定申告期限内に申告する意思があったと認められる場合で、かつ、法定申告期限から1月を経過する日までに期限後申告書を提出した場合には、加算税は課されません。

① 調査通知前に決定または更正されることを予知しないで期限後申告または修正申告をした場合は、納付すべき税額の5％

② 調査通知後に決定または更正されることを予知しないで期限後申告または修正申告をした場合は、納付すべき税額の10％（50万円を超える部分の税額には15％）

③ ①または②以外の場合は、納付すべき税額の15％（50万円を超える部分の税額には20％。ただし、過去5年以内に決定または更正予知による無申告加算税または重加算税を課されたことがある場合には、25％（50万円を超える部分の税額には30％））

6．重加算税 （通則法68）

　4．の②に該当する場合または5．の③に該当する場合において、事実を隠ぺいまたは仮装して納税申告書を提出していたときは、その隠ぺいまたは仮装に係る部分の税額については、過少申告加算税または無申告加算税に代え、次の区分に応じた重加算税が課されます。
① 　過少申告加算税に代わる場合は、隠ぺいまたは仮装に係る部分の税額の35%（過去5年以内に無申告加算税または重加算税が課されたことがある場合には45%）
② 　無申告加算税に代わる場合は、隠ぺいまたは仮装に係る部分の税額の40%（過去5年以内に無申告加算税または重加算税が課されたことがある場合には50%）

7．延滞税 （通則法60、措法94）

（1）延滞税の納付

　法人税の申告に関して次に該当する場合には、延滞税を納付しなければなりません。
① 　期限内申告書を提出した場合において、その申告書の提出により納付すべき国税をその法定納期限までに完納しないとき
② 　期限後申告書もしくは修正申告書を提出しまたは更正もしくは決定を受け、納付すべき国税があるとき

（2）延滞税の金額

① 　納期限までの期間または納期限の翌日から2月を経過する日までの期間は、7.3%（1日1万円あたり2円）または「延滞税特例基準割合＋1%」のいずれか低い利率による日割計算をされた延滞税が課されます。
② 　法定納期限の翌日からその国税を完納する日までの期間（上記①の期間を除く）は、14.6%（1日1万円あたり4円）または

「延滞税特例基準割合 +7.3%」のいずれか低い利率による日割計
算をされた延滞税が課されます。

（3）国税庁ホームページでの延滞税の計算

国税庁ホームページの「延滞税の計算方法」の「延滞税計算はこち
ら」に、延滞税の計算のツールがあります。参考にしてください。

8. 地方税の加算金および延滞金

地方税法は、国税の加算税に該当する税額を加算金と規定していま
す。また、国税の延滞税に該当する税額を延滞金と規定しています。

法人住民税に対しては、加算金は課されません。ただし、法人事業
税に対しては、国税と同様に過少申告加算金、不申告加算金、重加算
金が課されます。

法定納期限までに地方税額の納付をしない場合には、延滞金が課さ
れます。また、地方税法においても、国税と同様に申告期限の延長制
度があります。国税の利子税に該当する地方税の申告期限の延長に伴
う延滞金については、特別な税目名がないため、「申告期限の延長に
伴う延滞金」と表現し、それ以外の延滞金と区別しています。

申告期限の延長に伴う延滞金は、法人税の所得の金額の計算上、損
金の額に算入されますが、それ以外の加算金および延滞金は、法人税
の所得の金額の計算上、損金の額に算入されません。

👀 実務の着眼点（修正申告と更正の請求）

法人が、法人税の申告をした後に、収益の計上もれが確認されて法人税額を過少に申告納付したことが判明した場合には、その法人は、自主的に法人税の修正申告をし、不足額を納付することができます。しかし、法人税の申告をした後に、計算誤り等により法人税額を過大に申告納付したことが判明した場合には、法人税の修正申告はできません。過大に申告納付した法人税額の還付を受けるためには、税務署長に対して、更正の請求をしなければなりません。更正の請求をし、計算誤り等の確認を受けた後に、減額更正の手続を経たうえで法人税等の還付を受けることになります。

⑤ 青色申告制度

1. 青色申告制度

（1）制度の趣旨

　一定の帳簿書類を備付け、これに日々の取引を正確に記録している法人については、青色申告の承認申請を所轄税務署長にして承認を受けることにより、青色申告をすることができます。青色申告をする法人は、いろいろな特典が受けられます。この制度を、青色申告制度といいます。

（2）青色申告書の提出 （法法121①）

　法人は、納税地の所轄税務署長の承認を受けた場合には、中間申告書または確定申告書およびこれらの申告書に係る修正申告書を青色の申告書により提出することができます。

２．青色申告の承認の申請

（１）青色申告の承認申請 （法法122①）

　青色申告により申告書等を提出することについての承認を受けよう
とする法人は、青色申告によって申告書を提出しようとする事業年度
開始の日の前日までに、一定の事項を記載した申請書を納税地の所轄
税務署長に提出しなければなりません。

（２）設立事業年度の特例 （法法122②一）

　新設普通法人が、設立の日の属する事業年度から青色申告書を提出
しようとするときの承認申請期限は、設立日以後３月を経過した日と
その事業年度の終了の日のうちいずれか早い日の前日までとなります。

（３）青色申告の承認申請の却下 （法法123）

　税務署長は、その申請書を提出した法人に次のいずれかに該当する
事実があるときは、その申請を却下することができます。
　① 　帳簿書類の備付け、記録または保存が適正に行われていないこ
　　　と
　② 　その備え付ける帳簿書類に取引の全部または一部を隠蔽しまた
　　　は仮装して記載しまたは記録していることその他不実の記載また
　　　は記録があると認められる相当の理由があること
　③ 　青色申告の承認の取消しの規定による通知を受け、または青色
　　　申告の取りやめの届出書の提出をした日以後１年以内に申請書を
　　　提出したこと

（４）青色申告の承認等の通知 （法法124）

　税務署長は、青色申告の承認の申請書の提出があった場合において、
その申請につき承認または却下の処分をするときは、その申請をした
法人に対し、書面によりその旨を通知します。

（5）青色申告の承認があったものとみなす場合 <small>（法法125①）</small>

　青色申告の承認の申請書の提出があった場合において、その事業年度終了の日までにその申請につき承認または却下の処分がなかったときは、その日においてその承認があったものとみなされます。

3．青色申告法人の帳簿書類 <small>（法法126①）</small>

（1）帳簿書類 <small>（法規53～57）</small>

　青色申告の承認を受けている法人は、その資産、負債および資本に影響を及ぼす一切の取引につき、複式簿記の原則に従い、整然かつ明瞭に記録し、その記録に基づいて仕訳帳、総勘定元帳等の必要な帳簿を備え、貸借対照表および損益計算書を作成しなければなりません。

（2）帳簿等の保存期間 <small>（法規26の3、法規59）</small>

　帳簿および取引等に関して作成または受領した書類は、その事業年度の確定申告書の提出期限の翌日から7年間保存しなければなりません。ただし、青色申告書を提出した事業年度で青色繰越欠損金が生じた等の事業年度については、10年間（平成30年4月1日前に開始した事業年度は9年間）保存しなければなりません。

4．青色申告の承認の取消し <small>（法法127）</small>

　青色申告の承認を受けた法人につき、次の事実がある場合には、納税地の所轄税務署長は、その事実がある事業年度まで遡って、その承認を取り消すことができます。そして、その取消しがあった以後に提出した青色申告書は、青色申告書以外の申告書とみなされます。

① 　帳簿書類の備付け、記録または保存が定めに従っていないこと
② 　帳簿書類に関する税務署長の指示があった場合において、その指示に従わなかったこと

③　帳簿書類に取引を隠蔽または仮装して記載または記録し、その記載または記録をした事項の全体に真実性を疑う相当の理由があること

④　確定申告書を提出期限までに提出しなかったこと

5．青色申告の取りやめ（法法128）

青色申告の承認を受けている法人は、その事業年度以後の各事業年度の申告書を青色の申告書により提出することをやめようとするときは、その事業年度終了の日の翌日から2月以内に、一定の事項を記載した届出書を納税地の所轄税務署長に提出しなければなりません。

6．青色申告の主な特典

（1）法人税法の特典

①　青色申告書を提出した事業年度に生じた欠損金の翌期以降10年間の繰越控除（法法57）

②　青色申告書を提出した事業年度に生じた欠損金の繰戻し還付（法法80）

③　帳簿書類の調査による更正の原則（法法130①）

④　更正通知書への理由附記（法法130②）

⑤　推計による更正または決定の禁止（法法131）

（2）租税特別措置法

①　特別償却または割増償却（措法42の6①、42の10①、42の11①等）

②　準備金等の損金算入（措法55～57の6、57の8等）

③　法人税額の特別控除（措法42の4、42の6②、42の9等）

④　中小企業者等の少額減価償却資産の取得価額の損金算入の特例（措法67の5）

第 11 章

受取配当等の益金不算入の税務

株式会社の株主に対する剰余金の配当とは、配当支払法人が、法人税等の課税済み利益である利益剰余金を、その株主に対して支払う取引をいいます。そのため、配当支払法人で既に課税済みの利益である受取配当金に対して、配当受取法人においても法人税を課税すると、法人税等の二重課税が生じます。そのため、法人税法は、この二重課税を排除するために、受取配当等の益金不算入の規定を設けています。

① 受取配当等の益金不算入制度の概要

1．制度の概要

　下図のように、配当支払法人 A の所得の金額1,000万円に対して法人税等400万円が課税されたとします。この税引き後の利益600万円が利益剰余金を構成します。そして、法人 A の発行済み株式のすべてを保有する配当受取法人 B に対して、この利益剰余金600万円をすべて配当したとします。法人 B は、この配当金600万円を営業外利益に計上しました。しかし、このまま、法人 B の法人税等の所得の金額を計算して法人税等を算出すると、法人 A ですでに法人税等が課されているため、法人税等の二重課税が生じます。この二重課税を排除するため、法人 B は、この受取配当金を課税外収入として、法人税の所得の金額の計算上、申告調整を要件として益金の額に算入させないこととしています。

（単位：万円）

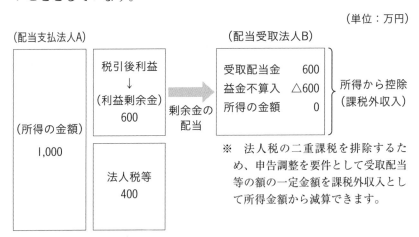

2．受取配当等の益金算入の条文の要旨　<small>（法法23①）</small>

　内国法人が、配当等の額を受けるときは、その配当等の額（関連法人株式等に係る配当等の額は、その配当等の額から利子の額を控除し

た金額とし、完全子法人株式等、関連法人株式等および非支配目的株式等以外の株式等に係る配当等の額は、当該配当等の額の50% に相当する金額とし、非支配目的株式等に係る配当等の額は、その配当等の額の20% に相当する金額とする）は、その内国法人の各事業年度の所得の金額の計算上、益金の額に算入しません。

①　剰余金の配当（株式等に係るものに限るものとし、資本剰余金の額の減少に伴うものならびに分割型分割によるものおよび株式分配を除く）もしくは利益の配当（分割型分割によるものおよび株式分配を除く）または剰余金の分配（出資に係るものに限る）の額

②　投資信託及び投資法人に関する法律第137条（金銭の分配）の金銭の分配（出資等減少分配を除く）の額

③　資産の流動化に関する法律第115条第１項（中間配当）に規定する金銭の分配の額

② 受取配当等の益金不算入額の計算方法

１．受取配当等の益金不算入額

（１）完全子法人株式等 （法法23⑤）

①　完全子法人株式等の定義

完全子法人株式等とは、配当等の額の計算期間を通じて、内国法人との間に完全支配関係がある他の内国法人（公益法人等および人格のない社団等を除く）の株式等をいいます。

②　益金不算入額 （法法23①）

配当等の額の全額

（２）関連法人株式等 （法法23④）

①　関連法人株式等の定義

関連法人株式等とは、内国法人（その内国法人との間に完全支配関係がある他の法人を含む）が他の内国法人（公益法人等および人格の

ない社団等を除く）の発行済株式または出資（その他の内国法人が有する自己の株式等を除く）の総数または総額の1/3を超える数または金額の株式等を基準日前6月以上有する場合におけるその他の内国法人の株式等（上記（1）の完全子法人株式等を除く）をいいます。

② **益金不算入額**（法法23①）

配当等の額 − 配当等の額に係る利子の額

（3）上記（1）および（2）ならびに下記（4）以外の株式等（法法23①）

① その他の株式等の定義

完全子法人株式等、関連法人株式等および非支配目的株式等のいずれにも該当しない株式または出資をいいます。

② 益金不算入額（法法23①）

配当等の額×50%

（4）非支配目的株式等（法法23⑥）

① 非支配目的株式等の定義

非支配目的株式等とは、内国法人（その内国法人との間に完全支配関係がある他の法人を含む）が、他の内国法人（公益法人等および人格のない社団等を除く）の発行済株式または出資（その他の内国法人が有する自己の株式等を除く）の総数または総額の5％以下に相当する数または金額の株式等を有する場合におけるその他の内国法人の株式等（上記（1）の完全子法人株式等を除く）をいいます。

② 益金不算入額（法法23①）

配当等の額×20%

2．受取配当等の益金不算入額の計算方法

［受取配当等の益金不算入額］
（1）配当等の額（法法23①）

① 完全子法人株式等（配当等の全計算期間100%保有）の配当等の額

② 関連法人株式等（基準日前6月以上1/3超保有）の配当等の額

③ その他の株式等（①②④以外の株式等　5%超1/3以下保有など）の配当等の額

④ 非支配目的株式等（基準日に5%以下保有）の配当等の額

※ ②③④の配当等の額は、短期保有株式等（基準日前1月以内取得かつ基準日後2月以内譲渡）に係るものを除きます（法法23②）。

※ 配当等の額を受ける内国法人との間に完全支配関係がある他の法人を含めた割合で株式等の区分を判定します（令和4年4月1日以後開始事業年度）。

（2）受取配当等の益金不算入額

① 完全子法人株式等：配当等の額

② 関連法人株式等：配当等の額－負債利子額

③ その他の株式等：配当等の額×50%

④ 非支配目的株式等：配当等の額×20%

⑤ 受取配当等の益金不算入額

①＋②＋③＋④＝×××（減算・課税外収入）

3．控除負債利子 （令和4年4月1日以後開始事業年度）

　関連法人株式等の配当等の額から控除する配当等の額に係る利子の額は以下の金額です。

（1）控除負債利子の計算

［控除負債利子額］

① その事業年度に受け取る関連法人株式等に係る配当等の額の合計額

② その事業年度の支払利子等の額の合計額の10%

③ 控除負債利子の額

ア　①の４％相当額＜②の場合…　①

イ　①の４％相当額≧②の場合…　②×$\dfrac{配当等の額}{①の金額}$

※　令和４年３月31日以前に開始する事業年度では、控除負債利子の計算
は、総資産按分法により計算していました。また、総資産按分法には、
原則法と簡便法があり、法人によりいずれかの選択適用とされていました。

（2）支払利子等の額 <small>（基通3-1-3）</small>

① 支払利子等に含まれるもの

ア　受取手形の手形金額とその受取手形の割引による受領金額との
差額を手形売却損として処理している場合のその差額

イ　買掛金を手形によって支払った場合において、相手方に対して
当該手形の割引料を負担したときにおけるその負担した割引料相
当額

ウ　従業員預り金、営業保証金、敷金その他これらに準ずる預り金
の利子の額

エ　金融機関の預金利息の額および給付補塡備金繰入額（給付補塡
備金繰入額に準ずる繰入額を含む）

オ　相互会社の支払う基金利息の額

カ　相互掛金契約により給付を受けた金額が掛け込むべき金額の合
計額に満たない場合のその差額に相当する金額

キ　信用事業を営む協同組合等が支出する事業分量配当のうちその
協同組合等が受け入れる預貯金（定期積金を含む）の額に応じて
分配するものの額

② 支払利子に含まれないもの

法人税等の申告期限延長に伴う利子税および延滞金、売掛金の期日
前受取に伴う売上割引料など

③　益金不算入の対象となる配当等

1．益金不算入の対象となる配当等の額

（1）剰余金の配当の額など （法法23①一）

　次の①から③の金額をいいます。ただし、外国法人もしくは公益法人等または人格のない社団等から受けるものおよび適格現物分配に係るものを除きます。

　　①　株式等に係る剰余金の配当のうち、資本剰余金の額の減少に伴うものおよび分割型分割以外のものの額

　　②　利益の配当のうち、分割型分割および株式分配以外のものの額

　　③　出資に係る剰余金の分配の額

（2）一定の金銭の分配金の額 （法法23①二、三）

　　①　投資信託及び投資法人に関する法律第137条（金銭の分配）の金銭の分配の額

　　※　ただし、出資総額等の減少に伴う金銭の分配（以下、「出資等減少分配」という）のうち一定のものに係る額は除かれます。

　　②　資産の流動化に関する法律第115条第１項（中間配当）に規定する金銭の分配の額

（3）みなし配当の額 （法法24）

（4）法人の役員、使用人等の名義で実質的にその法人が所有する株式等の配当の額 （法基通 3 - 1 - 1 ）

２．益金不算入の対象とならない配当等

（１）外国法人からの配当等

日本国内での法人税の二重課税が生じないため対象となりません。

（２）公益法人等または人格のない社団等から受ける配当等

資本金または出資金はなく、課税済みの利益の分配という概念もないため対象となりません。

（３）協同組合等の事業分量分配金

協同組合等が、組合員に支払う売上割戻しに相当し、協同組合の損金に算入されるため対象となりません。

（４）名義書換失念株 (法基通3-1-2)

株式等の譲渡後に名義変更が行われなかったため、旧株主等に支払われた配当等は、株主等の地位に基づいて支払を受けたものではないため対象となりません。

（５）特定株式投資信託以外の証券投資信託（公社債投資信託を含む）の収益の分配

特定株式投資信託以外の証券投資信託の収益の分配は、その収益の分配の原資が受取配当等ではないこと等により対象となりません。

（６）短期保有株式に係る配当等 (法法23②)

④を参照

④　短期保有株式等

1．短期保有株式の意義 _(法法23②)

　短期保有株式とは、完全子法人株式等以外の株式等（関連法人株式等、その他の株式等、非支配目的株式等）のうち、元本である株式等をその配当等の額に係る配当等の基準日等以前1月以内に取得し、かつ、その株式等またはその株式等と銘柄を同じくする株式等をその基準日等後2月以内に譲渡した場合におけるその譲渡した株式等をいいます。

2．短期保有株式の取扱い

　短期保有株式は、配当等の基準日以前1月以内の配当含みの高い株価で取得し、配当を受けた後の基準日後2月以内の配当落ちした低い価額で譲渡するために、株式の譲渡損が生じます。そのため、この短期保有株式の配当等が益金不算入とされ、かつ、同時に譲渡損も損金算入されることを避けるために、短期保有株式等に係る配当等は、益金不算入の対象とされません。

3．短期保有株式に係る配当等の計算方法

［短期保有株式に係る配当等の額］
① 　短期保有株式数の計算式

$$\text{基準日後2月以内譲渡株数 (A)} \times \text{(B)} \times \frac{\text{基準日以前1月取得株数 (C)}}{\text{1月前保有株数} + \text{(C)}} \bigg/ \{\text{基準日保有株数 (B)} + \text{基準日後2月取得株数}\}$$

② 　短期保有株式の配当等の額

受取配当等の額　×　①／基準日保有株数

【具体例】短期保有株式に係る配当等の額

① A社株式の移動状況と受取配当等の状況

　当社の当期（自 X4.4.1月至 X5.3.31）における A 社株式の移動状況と受取配当等の額は以下のとおりです。なお、A 社は非上場の法人です。

　　ア　A 社の配当等の計算期間（X 3 年10月 1 日から X 4 年 9 月30日。中間配当なし）

　　イ　A 社の発行済株式総数は、1,000,000株

　　ウ　前期の X 3 年 9 月 1 日に17,500株を取得しました。

　　エ　その後、X 4 年 9 月 1 日に7,500株を取得しました。

　　オ　さらに、X 4 年10月 5 日に5,000株を取得しました。

　　カ　X 4 年11月 5 日に15,000株を譲渡しました。

　　キ　当社は、X 2 年12月20日に A 社から配当を150,000円受けました。

② 短期保有株式等の受取配当等の計算

ア　$15{,}000株 \times \dfrac{(17{,}500株 + 7{,}500株) \times \dfrac{7{,}500株}{17{,}500株 + 7{,}500株}}{(17{,}500株 + 7{,}500株) + 5{,}000株} = 3{,}750株$

イ　$150{,}000円 \times \dfrac{3{,}750株}{17{,}500株 + 7{,}500株} = 22{,}500円$

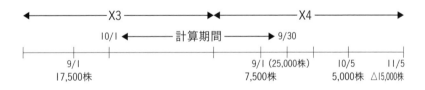

⑤　みなし配当

１．みなし配当の意義 （法法24）

　法人（公益法人等および人格のない社団等を除く）の株主等である内国法人が、次の事由により金銭その他の資産の交付を受けた場合において、その金銭の額および金銭以外の資産の価額の合計額がその法人の資本金等の額のうちその交付の基因となったその法人の株式または出資に対応する部分の金額を超えるときは、その超える部分の金額は、実質的に剰余金の配当等と変わらないため、法人税法上、配当とみなして、受取配当等の益金不算入の規定を適用します。

①　合併（適格合併を除く）

②　分割型分割（適格分割型分割を除く）

③　株式分配（適格株式分配を除く）

④　資本の払戻し（資本剰余金の額の減少に伴う剰余金の配当のうち分割型分割によるものおよび株式分配以外のもの並びに出資等減少分配をいう）または解散による残余財産の分配

⑤　自己の株式または出資の取得（金融商品取引法第２条第16項に規定する金融商品取引所の開設する市場における購入による取得等一定のものを除く）

⑥　一定の出資の消却、出資の払戻し、社員その他法人の出資者の退社または脱退による持分の払戻しその他株式または出資をその発行した法人が取得することなく消滅させること

⑦　組織変更（その組織変更に際してその組織変更をした法人の株式または出資以外の資産を交付したものに限る）

２．みなし配当の具体例

（１）株式譲渡の状況と会社の経理処理

①　当期中に、当社が所有するＡ社株式（非上場株式に該当）を、

その発行法人であるＡ社に対し、相対取引（証券市場によらない
直接取引）により100株を譲渡しました。Ａ社株式の100株の譲渡
金額は175,000円です。Ａ社から源泉所得税等20,420円控除後の
154,580円が通知され口座に振り込まれました。当社のＡ社株式の
法人税法上の帳簿価額は100株で125,000円です。

② 　Ａ社株式譲渡直前におけるＡ社の資本金等の額は以下のとおり
です。

　資本金等の額　1,500,000円　発行済株式総数　2,000株

③ 　当社は、Ａ社株式の譲渡にあたり、振込金額154,580円と法人税
法上の帳簿価額125,000円との差額29,580円について、以下の仕訳に
より、営業外収益に株式譲渡益として計上しています。

（会社の仕訳）

　（現預金）154,580 　／ 　（株式譲渡益）　　29,580
　　　　　　　　　　　　　（有価証券）　　125,000

（２）受取配当等の益金不算入額の計算

　法人が所有する株式を発行法人に譲渡する取引は、株式の譲渡です
が、発行法人にとっては自己株式の取得です。そのため、譲渡金額の
うち資本金相当額は減資の取引であり、残りの金額は発行法人が株主
に対して利益剰余金を配当したとみなされて、受取配当等の益金不算
入の対象になります。

① 　みなし配当の額の計算

　ア　譲渡金額（交付金）

　　175,000円

　　（振込額154,580円＋源泉税20,420円＝175,000円　1株　1,750円）

　イ　資本金等の金額

　　1,500,000円÷2,000株（1株750円）× 100株 = 75,000円

　ウ　みなし配当の額　①－② =100,000円

② 　受取配当等の益金不算入額の申告調整額の計算

　ア　持株割合の判定

　　100株/2,000株＝5％≦5％　∴非支配目的株式等に該当

イ　受取配当等の益金不算入額

100,000円×20%＝20,000円（減算・課税外収入）

（3）みなし配当100,000円に対する源泉所得税等の計算方法
（法人税法上の仕訳）

源泉所得税20,000円（100,000円×20%）＋復興特別所得税420円
（20,000円×2.1%）＝20,420円

※　会社の会計上のA社の株式譲渡益は50,000円（175,000円−125,000円）です。
しかし、法人税法上は、A社株式の譲渡により、会社はA社から100,000円の
受取配当とA社の資本金75,000円の払戻し（資本取引）があったものとみなし
ます。そのため、みなし配当100,000円は益金不算入の適用があります。

A法人（配当支払法人）の貸借対照表

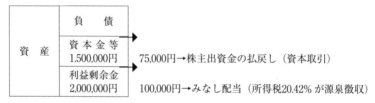

◆法人税申告書　別表八（一）

別表八(一)　令四・四・一以後終了事業年度分

受取配当等の益金不算入に関する明細書		事業年度	・　・	法人名	

当年度実績により負債利子等の額を計算する場合			基準年度実績により負債利子等の額を計算する場合		
完全子法人株式等に係る受取配当等の額 （別表八（一）付表一「9の計」）	1	円	完全子法人株式等に係る受取配当等の額 （別表八（一）付表一「9の計」）	14	円

関連法人株式等の株式等の額の計算

		受　取　配　当　等　の　額 （別表八（一）付表一「16の計」又は「20の計」）	2		受　取　配　当　等　の　額 （別表八（一）付表一「16の計」）	15	
負債利子等の額の計算	当期に支払う負債利子等の額	3		当期に支払う負債利子等の額	16		
	連結法人に支払う負債利子等の額	4		国外支配株主等に係る負債の利子等の損金不算入額、対象純支払利子等の損金不算入額又は恒久的施設に帰せられるべき資本に対応する負債の利子の損金不算入額 （別表十七（一）「35」と別表十七（二の二）「29」のうち多い金額）又は（別表十七（二の二）「34」と別表十七（三の二）「17」のうち多い金額）	17		
	国外支配株主等に係る負債の利子等の損金不算入額、対象純支払利子等の損金不算入額又は恒久的施設に帰せられるべき資本に対応する負債の利子の損金不算入額 （別表十七（一）「35」と別表十七（二の二）「29」のうち多い金額）又は（別表十七（二の二）「34」と別表十七（三の二）「17」のうち多い金額）	5					
	超過利子額の損金算入額 （別表十七（二の三）「10」）	6		超過利子額の損金算入額 （別表十七（二の三）「10」）	18		
	計 (3) − (4) − (5) + (6)	7		計 (16) − (17) + (18)	19		
	総　資　産　価　額 （29の計）	8		平成27年4月1日から平成29年3月31日までの間に開始した各事業年度の負債利子等の額の合計額	20		
	期末関連法人株式等の帳簿価額 （30の計）	9		同上の各事業年度の関連法人株式等に係る負債利子等の額の合計額	21		
	受取配当等の額から控除する負債利子等の額 $(7) \times \dfrac{(9)}{(8)}$	10		負債利子控除割合 $\dfrac{(21)}{(20)}$ （小数点以下3位未満切捨て）	22		
				受取配当等の額から控除する負債利子等の額 (19) × (22)	23	円

その他株式等に係る受取配当等の額 （別表八（一）付表一「26の計」）	11		その他株式等に係る受取配当等の額 （別表八（一）付表一「26の計」）	24	
非支配目的株式等に係る受取配当等の額 （別表八（一）付表一「33の計」）	12		非支配目的株式等に係る受取配当等の額 （別表八（一）付表一「33の計」）	25	
受取配当等の益金不算入額 (1) + ((2) − (10)) + (11) × 50% + (12) × (20%又は40%)	13		受取配当等の益金不算入額 (14) + ((15) − (23)) + (24) × 50% + (25) × (20%又は40%)	26	

当　年　度　実　績　に　よ　る　場　合　の　総　資　産　価　額　等　の　計　算							
区　　　分	総資産の帳簿価額		連結法人に支払う負債利子等の元本の負債の額等	総　資　産　価　額 (27) − (28)		期末関連法人株式等の帳簿価額	
	27		28	29		30	
前　期　末　現　在　額		円	円		円		円
当　期　末　現　在　額							
計							

194

◆法人税申告書　別表八（一）付表一

| 支払利子等の額及び受取配当等の額に関する明細書 | | 事業年度 | ： ： | 法人名 | | 別表八（一）付表一 |

支　払　利　子　等　の　額　の　明　細					
令 第 19 条 第 2 項 の 規 定 に よ る 支 払 利 子 控 除 額 の 計 算	1	適用・不適用			
当 期 に 支 払 う 利 子 等 の 額	2	円	超 過 利 子 額 の 損 金 算 入 額（別表十七（二の三）「10」）	4	円
国外支配株主等に係る負債の利子等の損金不算入額、対象純支払利子等の損金不算入額又は恒久的施設に帰せられるべき資本に対応する負債の利子の損金不算入額					
（別表十七（一）「35」と別表十七（二の二）「29」のうち多い金額）又は（別表十七（二の二）「34」と別表十七の三（二）「17」のうち多い金額）	3		支 払 利 子 等 の 額 の 合 計 額（2）－（3）＋（4）	5	

受　取　配　当　等　の　額　の　明　細							
完全子法人株式等	法 人 名	6					計
	本 店 の 所 在 地	7					
	受 取 配 当 等 の 額 の 計 算 期 間	8	・ ・	・ ・	・ ・	・ ・	
	受 取 配 当 等 の 額	9	円	円	円	円	円
関連法人株式等	法 人 名	10					計
	本 店 の 所 在 地	11					
	受 取 配 当 等 の 額 の 計 算 期 間	12	・ ・	・ ・	・ ・	・ ・	
	保 有 割 合	13					
	受 取 配 当 等 の 額	14	円	円	円	円	円
	同上のうち益金の額に算入される金額	15					
	益 金 不 算 入 の 対 象 と な る 金 額（14）－（15）	16					
	(1)が「不適用」の場合又は別表八（一）付表二「13」が「非該当」の場合（16）×0.04	17					
	同上以外の場合 $\frac{(16)}{(16の計)}$	18					
	支払利子等の10％相当額（（（5）×0.1）又は（別表八（一）付表二「14」））×(18)	19	円	円	円	円	円
	支払利子等控除後の受取配当等の額（16）－（（17）又は（19））	20					
その他株式等	法 人 名	21					計
	本 店 の 所 在 地	22					
	保 有 割 合	23					
	受 取 配 当 等 の 額	24	円	円	円	円	円
	同上のうち益金の額に算入される金額	25					
	益 金 不 算 入 の 対 象 と な る 金 額（24）－（25）	26					
非支配目的株式等	法 人 名 又 は 銘 柄	27					計
	本 店 の 所 在 地	28					
	基 準 日 等	29	・ ・	・ ・	・ ・	・ ・	
	保 有 割 合	30					
	受 取 配 当 等 の 額	31	円	円	円	円	円
	同上のうち益金の額に算入される金額	32					
	益 金 不 算 入 の 対 象 と な る 金 額（31）－（32）	33					

別表八（一）付表一　令四・四・一以後終了事業年度分

第 12 章

役員給与の税務

　上場企業であれば、内部監査役だけではなく、外部の監査法人または公認会計士の監査も受けるため、役員給与は法人の業績と役員自身の実績に応じた適正額を支給することになります。

　ところが、特定の株主だけで過半数の議決権を持つ同族会社では、株主も役員も家族だけという法人が多々あります。そのため、役員給与は、株主である役員に都合よく変更することもあります。そこで、法人税法は、同族会社の役員給与の損金算入額については、特に厳格、かつ、詳細な規定を定めています。

① 同族会社の意義

1．同族会社の意義

（1）同族会社の意義 （法法2十）

　同族会社とは、会社の株主等の3人以下ならびにこれらと特殊の関係のある個人および法人が、その会社の発行済株式または出資（自己株式または出資を除く）の総数または総額の50％を超える数または金額の株式または出資を有する場合、その他一定の場合におけるその会社をいいます。

（2）特殊な関係のある個人および法人 （法令4）

① 特殊の関係のある個人

　ア　株主等の親族

　イ　株主等と婚姻の届出をしていないが事実上婚姻関係と同様の事情にある者

　ウ　株主等（個人である株主等に限る。②において同じ）の使用人

　エ　ア、イ、ウ以外の者で株主等から受ける金銭その他の資産によって生計を維持しているもの

　オ　イ、ウ、エの者と生計を一にするこれらの者の親族

② 特殊の関係のある法人

　ア　判定会社株主等の1人（個人である株主等については、その1人およびこれと特殊の関係のある個人）が他の会社を支配している場合におけるその他の会社

　イ　判定会社株主等の1人およびこれとアの特殊の関係のある会社が他の会社を支配している場合におけるその他の会社

　ウ　判定会社株主等の1人およびこれとア、イの特殊の関係のある会社が他の会社を支配している場合におけるその他の会社

　※　他の会社を支配している場合とは、他の会社の発行済株式または出資（その有する自己の株式または出資を除く）の過半数を有する場合もしくは他の

会社の一定の議決権の過半数を有する場合をいいます。

２．同族会社の判定基準

［同族会社の判定］

（１）株主グループの順位

①　第１順位××％

②　第２順位××％

③　第３順位××％

※　原則は持株割合の順位によります。ただし、種類株式の発行により持株割合と議決権割合が異なる場合には、第３順位までの割合の大きいほうで判定します。

（２）同族会社の判定

①＋②＋③＝××％＞50％　∴同族会社

①＋②＋③＝××％≦50％　∴非同族会社

② 法人税法上の役員

１．法人税法上の役員の範囲

法人税法上の役員は、以下の（１）および（２）の者をいいます。

（１）商業登記簿に登記された役員

商業登記簿謄本に登記されている役員は、法人税法上の役員となります。

（２）みなし役員 （法法２十五、法令７、法基通９-２-１）

みなし役員とは、法人の取締役、執行役、会計参与、監査役、理事、監事および清算人ならびにこれら以外の者で法人の経営に従事している者のうち以下の者をいいます

① 法人の使用人（職制上使用人としての地位のみを有する者に限る）以外の者でその法人の経営に従事しているもの

② 同族会社の使用人のうち、下記3．の持株の特殊基準のすべてを満たしている者で、その会社の経営に従事しているもの

◉◉ 実務の着眼点（みなし役員）

法人税法上のみなし役員は、家族経営をしている同族会社をイメージするとわかりやすいです。実務では、みなし役員のうち、法人の使用人以外の者でその法人の経営に従事している者は、会長に就任した前社長（現社長の親）の場合が多いです。また、同族会社の使用人のうち、持株特殊基準を満たしその会社の経営に従事する者であるみなし役員は、経理部長（社長の配偶者など）の場合が多いです。

2．使用人兼務役員とは

使用人兼務役員とは、営業部長、経理部長等として常時使用人として勤務する一方、役員としての地位も有している者をいいます。

（1）使用人兼務役員の意義 <small>（法法34⑥、法基通9-2-2）</small>

使用人兼務役員とは、（2）以外の役員のうち、部長、課長その他法人の使用人としての職制上の地位を有し、かつ、常時使用人としての職務に従事するものをいいます。

（2）使用人兼務役員とされない役員 <small>（法令71①）</small>

① 代表取締役、代表執行役、代表理事および清算人

② 副社長、専務、常務その他これらに準ずる職制上の地位を有する役員

③ 合名会社、合資会社および合同会社の業務を執行する社員

④ 取締役（指名委員会等設置会社の取締役および監査等委員である取締役に限る）、会計参与および監査役ならびに監事

⑤　上記のほか、同族会社の役員のうち持株の特殊基準のすべてを満たしている者

👀 **実務の着眼点（使用人兼務役員になれない役員）**

非同族会社の取締役営業部長などの使用人兼務役員は、原則的に、法人税法上の使用人兼務役員になります。しかし、同族会社の場合には、肩書きが使用人兼務役員であっても、使用人賞与が損金の額に算入できる法人税法上の使用人兼務役員になれない場合があります。例えば、社長の子供が取締役営業部長という肩書きで経営会議に出席し、かつ、社長から贈与を受けたため持株割合が５％である場合です。将来の社長候補ですので、この取締役営業部長は、法人税法上の使用人兼務役員にはなれません。

3．持株の特殊基準とは

（1）持株の特殊基準 (法令71①五)

持株の特殊基準に該当する者とは、以下の①から③のすべてを満たす者をいいます。

① **50％基準**

本人が、第１順位の株主グループから第３順位の株主グループの持株割合を順次加算した場合において、初めて50％超となる株主グループのいずれかに所属すること

② **10％基準**

本人の株主グループの持株割合が10％超であること

③ **５％基準**

本人およびその配偶者ならびにその同族会社の持株割合が５％超であること

（２）株主グループ （法令71②）

　株主グループとは、その会社の一の株主等（その会社が自己の株式
または出資を有する場合のその会社を除く）ならびにその株主等と特
殊の関係のある個人および法人をいいます。

（３）みなし役員および使用人兼務役員の判定

① 　上位３順位の株主グループ（持株順位、議決権順位で計算して
　　割合の高いほうで判定する）
　　　ア　第１順位××％
　　　イ　第２順位××％
　　　ウ　第３順位××％
② 　同族会社の判定

　アのみ、（ア＋イ）$\begin{cases} >50\% & \therefore 同族会社 \\ & →③の特殊基準の判定へ \\ \leqq50\% & \therefore 非同族会社 \end{cases}$
　　　　または
　（ア＋イ＋ウ）

③ 　みなし役員および同族会社の役員で使用人兼務役員になれない
　　者またはみなし役員の判定

役職名	（50％超）	（10％超）	（5％超）	判　定
（取締役営業部長）	○	×	—	使用人兼務役員に該当
（取締役経理課長）	○	○	○	使用人兼務役員に非該当
（使用人経営従事）	○	○	○	みなし役員に該当

４．法人税法上の役員のまとめ

区　　　分	細　　　目	役員の判定
商業登記簿に登記された役員	代表取締役、専務取締役、常務取締役、〇〇担当取締役	役　　　員
	非同族会社の取締役〇〇部長	使用人兼務役員
	同族会社の取締役〇〇部長等で特殊基準非該当	使用人兼務役員
	同族会社の取締役〇〇部長等で特殊基準該当	役　　　員
みなし役員	使用人でない経営従事者（会長、相談役、顧問など）	みなし役員
	同族会社使用人で特殊基準該当かつ経営従事	みなし役員

③　役員給与

１．雇用契約と委任契約

（１）雇用契約

　雇用契約は、使用人が、雇用者に対して労務に服することを約束し、雇用者が、その対価として報酬を支払うことを約束する契約です（民法623）。雇用契約による使用人は、労働基準法その他の法律により保護されます。

（２）委任契約

　委任契約とは、法人（委任者）が、役員（受任者）に対して法律行為を行うことを委任し、役員がこれを承認する契約です（民法643）。法人は、役員に対して法人の業務執行等を委任し、役員は自らの判断

で独立して業務を行います。労働時間等の制約はなく、労働基準法等の保護もありません。

2. 株式会社の役員報酬の定め方

（1）株式会社の取締役の報酬の定め方 （会社法361）

取締役の報酬については、定款にその事項を定めていないときは、株主総会の決議によって定めます。株主総会で、取締役の報酬の支給限度額等を定め、その範囲内で各取締役の報酬の額は、取締役会で定める旨の決議をすることができます。

（2）株式会社の監査役の報酬の定め方 （会社法387）

監査役の報酬等は、定款にその額を定めていないときは、株主総会の決議によって定めます。株主総会で、監査役の報酬の支給限度額等を定め、その範囲内で各監査役の報酬は、監査役の協議によって定めることができます。

3. 給与の範囲

（1）給与の範囲

① 報酬、給与、賃金および賞与等
② 退職給与（退職により一時に支給される給与）
③ 債務の免除による経済的利益その他の経済的利益 （法法34④）

（2）給与とされる経済的な利益の例示 （法基通9-2-9）

債務の免除による利益その他の経済的な利益とは、法人が次のような行為をしたことにより、実質的にその役員等（役員および特殊の関係のある使用人をいう）に対して給与を支給したと同様の経済的効果をもたらすものをいいます。ただし、明らかに株主等の地位に基づい

て取得したと認められるもの、および病気見舞、災害見舞等のような純然たる贈与と認められるものを除きます。また、下記の経済的な利益のうち利益の額が毎月概ね一定であるものは、定期同額給与とされます。

① 役員等に対して物品その他の資産を贈与した場合におけるその資産の価額に相当する金額

② 役員等に対して所有資産を低い価額で譲渡した場合におけるその資産の価額と譲渡価額との差額に相当する金額

③ 役員等から高い価額で資産を買い入れた場合におけるその資産の価額と買入価額との差額に相当する金額

④ 役員等に対して有する債権を放棄しまたは免除した場合（貸倒れに該当する場合を除く）におけるその放棄しまたは免除した債権の額に相当する金額

⑤ 役員等から債務を無償で引き受けた場合におけるその引き受けた債務の額に相当する金額

⑥ 役員等に対してその居住の用に供する土地または家屋を無償または は低い価額で提供した場合における通常取得すべき賃貸料の額と実際徴収した賃貸料の額との差額に相当する金額

⑦ 役員等に対して金銭を無償または通常の利率よりも低い利率で貸し付けた場合における通常取得すべき利率により計算した利息の額と実際徴収した利息の額との差額に相当する金額

⑧ 役員等に対して無償または低い対価で⑥および⑦に掲げるもの以外の用役の提供をした場合における通常その用役の対価として収入すべき金額と実際に収入した対価の額との差額に相当する金額

⑨ 役員等に対して機密費、接待費、交際費、旅費等の名義で支給したもののうち、その法人の業務のために使用したことが明らかでないもの

⑩ 役員等のために個人的費用を負担した場合におけるその費用の額に相当する金額

⑪ 役員等が社交団体等の会員となるためまたは会員となっているために要するその社交団体の入会金、経常会費その他その社交団体の

運営のために要する費用でその役員等の負担すべきものを法人が負担した場合におけるその負担した費用の額に相当する金額

⑫　法人が役員等を被保険者および保険金受取人とする生命保険契約を締結してその保険料の額の全部または一部を負担した場合におけるその負担した保険料の額に相当する金額

4 　役員給与の損金不算入

1．役員給与の損金不算入の条文構成

（1）　法法34①で、損金に算入することができる役員給与を、定期同額給与、事前確定届出給与、業績連動給与のみに限定し、それ以外の給与はすべて損金不算入であると規定しています。

（2）　法法34②で、上記（1）または下記（3）で損金不算入とされた役員給与以外の役員給与について、過大な役員給与、過大な役員退職給与、使用人兼務役員の過大な使用人給与のその過大部分の金額は、損金不算入であると規定しています。

（3）　法法34③④で、仮装隠ぺいによる役員給与および経済的利益が損金不算入であると規定しています。

（4）　法法36で、雇用契約に基づく使用人に対する使用人給与は、全額が損金算入されるのが原則ですが、役員の親族およびその特殊関係人である使用人給与のうち不相当に過大な部分は損金不算入であると規定しています。

2．役員給与の損金不算入の原則 （法法34①）

（1）役員給与の損金不算入の項目

役員に対して支給する下記（2）以外の給与のうち次のいずれにも該当しないものの額は、その内国法人の各事業年度の損金の額に算入しません。

① **定期同額給与**

　定期同額給与とは、支給時期が1月以下の一定期間ごとで各支給額が同額である給与をいいます（⑤を参照）。

② **事前確定届出給与**

　事前確定届出給与とは、所定時期に確定額を支給する定めに基づき、税務署長に事前届出した給与をいいます（⑥を参照）。

③ **業績連動給与**

　業績連動給与とは、内国法人（同族会社については、同族会社以外の法人との間にその法人による完全支配関係があるものに限る）が、一定の業務執行役員に対して支給する業績連動給与で、一定の要件を満たすものをいいます（詳細は省略）。

（2）上記（1）から除かれる給与

　法法34①の給与の範囲から、退職給与で業績連動給与に該当しないもの、使用人兼務役員の使用人給与、仮装隠ぺいによる給与の3種類の給与が除かれています。それは、退職給与で業績連動給与に該当しないものは下記3．（2）で、使用人兼務役員の使用人給与は下記3（3）で、仮装隠ぺいによる給与は下記4．で、それぞれ規定しているためです。

3．不相当に高額な役員給与の損金不算入

（法法34②、法令70一）

　役員に対して支給する給与で、上記2．（1）または下記4．の規定により損金不算入とされた給与以外の給与の額のうち、不相当に高額な部分の金額（下記（1）過大な役員給与の額、（2）過大な役員退職給与の額および（3）使用人兼務役員の過大な使用人賞与の額の合計額）は、その内国法人の各事業年度の所得の計算上、損金の額に算入しません。

（1）過大な役員給与 （法令70①一）

　損金不算入とされる過大な役員給与の額は、①または②のいずれか多い金額です。

① 実質基準

　役員に支給した給与の額（退職給与を除く）がその役員の職務の内容、法人の収益およびその使用人給与の状況、類似する同業他社の役員給与の状況等に照らし、その役員の職務の対価の相当額を超える部分の金額（役員が複数の場合は超える部分の合計額）

② 形式基準

　定款、株主総会等の決議により役員給与の支給限度額等を定めている法人がその事業年度に支給した役員給与の合計額が、支給限度額等の合計額を超える場合の超える部分の金額

（2）過大な役員退職給与 （法令70①二）

① 過大な役員退職給与の損金不算入

　内国法人が各事業年度においてその退職した役員に対して支給した退職給与の額が、その役員の業務従事期間、退職の事情、類似する同業他社の役員退職給与の状況等に照らし、退職給与として相当であると認められる金額を超える場合におけるその超える部分の金額

② 功績倍率による役員退職給与の額の算定

　役員退職給与の算定方法として、下記の功績倍率方式があります。

　役員退職給与の額 ＝（最終報酬月額）×（勤続年数）×（功績倍率※）

　※ 功績倍率とは、法人に対する役員の貢献度に応じて定める割合で、類似法人の合理的な抽出結果を前提とする平均功績倍率を基準にしますが、特殊事情等も考慮し、あくまで総合的に判断されます。

（3）使用人兼務役員の過大な使用人賞与

① 過大な使用人賞与 （法令70①三）

　使用人兼務役員の使用人としての職務に対する賞与で、他の使用人に対する賞与の支給時期と異なる時期に支給したものの額は、損金不

算入とされます。

②　使用人兼務役員の使用人給与（法基通 9 - 2 -23）

　その使用人兼務役員とおおむね類似する職務に従事する他の使用人に対して支給した給与および賞与の額をその使用人兼務役員の使用人分としての適正額に比して、過大であるかどうかを判定します。

4．仮装隠ぺいによる役員給与 （法法34③④）

①　内国法人が、事実を隠ぺいし、または仮装して経理をすることによりその役員に対して支給する給与の額は、その内国法人の各事業年度の所得の金額の計算上、損金の額に算入しません。

②　上記①の給与には、債務の免除による利益その他の経済的な利益を含みます。

5．過大使用人給与の損金不算入 （法法36）

（1）過大な使用人給与の損金不算入 （法法36、法令72の 2 ）

　内国法人が下記（2）の役員と特殊の関係のある使用人に対し支給する給与（債務の免除による利益その他の経済的な利益を含む）の額のうち不相当に高額な部分の金額は、その内国法人の各事業年度の所得の金額の計算上、損金の額に算入しません。

（2）特殊の関係のある使用人の範囲 （法令72）

①　役員の親族

②　役員と事実上婚姻関係と同様の関係にある者

③　上記① ②に掲げる者以外の者で役員から生計の支援を受けているもの

④　上記② ③に掲げる者と生計を一にするこれらの者の親族

6．役員給与損金不算入のまとめ

区　分	詳　細	損　金	条　文
役員給与 役員退職金	定期同額給与	算入	法法34①
	事前確定届出給与	算入	法法34①
	業績連動給与	算入	法法34①
	使用人兼務役員の適正な使用人給与	算入	法法34①
	過大役員給与（実質基準と形式基準の多い方）	不算入	法法34②、法令70
	過大な役員退職金	不算入	法法34②、法令70
	使用人兼務役員の過大な使用人賞与	不算入	法法34②、法令70
	仮装隠蔽による役員給与	不算入	法法34③④
	上記以外の役員給与	不算入	法法34①
使用人給与	役員と特殊関係のある使用人の不相当に高額給与	不算入	法法36
	上記以外の使用人給与	算入	

👀 **実務の着眼点（使用人給与の適正額）**

　使用人兼務役員の使用人給与および賞与の額は、現に従事している使用人の職務とおおむね類似する使用人の給与または賞与の額もしくは使用人の最上位者の支給額等を勘案して適正額を算定します。そのため、支給額の算定基準等を明確にしておく必要があります。

⑤　定期同額給与

1．定期同額給与の損金算入の原則 （法法34①一、法令69）

　役員に対して支給する定期給与（その支給時期が1月以下の一定の期間ごとであるものをいう）のうち次の（1）から（3）に掲げるものは、定期同額給与として、これを支給する法人の各事業年度の所得の金額の計算上、損金の額に算入します。

（1）定期給与で、その事業年度の各支給時期における支給額が同額であるもの （法法34①一）

定期同額

（2）定期給与で、次の給与改定がされた場合において、改定前の期間が定期同額給与であり、かつ、改定後の期間も定期同額給与であるもの （法令69①）

①　通常の定期給与の額の改定 （法令69①イ）

　その事業年度開始の日から原則3月を経過する日までにされた定期給与の額の改定

	通常改定から次の通常改定まで定期同額

②　臨時改定事由による定期給与の額の改定 （法令69①一ロ）

　その事業年度において、その法人の役員の職制上の地位の変更、その役員の職務内容の重大な変更その他これらに類するやむを得ない事情によりされた定期給与の額の改定（上記（1）を除く）

	通常改定で 定期同額	臨時改定事由による改定で 定期同額

③ 業績悪化改定事由による改定 （法令69①一ハ）

その事業年度においてその法人の経営の状況が著しく悪化したこと
その他これに類する理由によりされた定期給与の額の改定（減額改定
に限り、（1）（2）を除く）

	通常改定で 定期同額	業績悪化改定事由による改定で 定期同額

（3）継続的に供与される経済的利益のうち、その利益の額が毎月概ね一定のもの （法令69①二）

役員給与に含まれる経済的な利益のうち、その利益の額が毎月概ね
一定のものについては定期同額給与に該当するものとして、損金に算
入されます。

経済的利益で毎月概ね一定のもの

2．役員給与の損金不算入額の具体例

法法34①により、役員給与のうち定期同額給与は、損金の額に算入
されます。しかし、期中において役員給与を正当な理由なしに増減さ
せた場合には、以下の金額が損金不算入とされます。
（1）　期中に、役員給与を50万円から60万円に増額した場合は、増額
　　した月から次の定時株主総会の月数に10万円を乗じた金額が損金不
　　算入とされます。
（2）　期中に、役員給与を50万円から30万円に減額した場合には、定
　　時株主総会の翌月から減額される前の月数に20万円を乗じた金額が
　　損金不算入とされます。

3．非常勤役員に対する給与の取扱い （法基通9-2-12）

（1）　非常勤役員に対し年1回または2回所定の時期に支給する年俸または事業年度の期間俸は、その支給額が各月ごとの一定の金額を基礎として算定されていても定期同額給与には該当しません。そのため、（2）に該当しない場合には、損金不算入とされます。

（2）　非常勤役員に対し所定の時期に確定した額の金銭を交付する旨の定めに基づいて支給する年俸または期間俸等の給与のうち、次に掲げるものは、法法34①の事前確定届出給与に該当します。

　　ア　同族会社に該当しない法人（非同族会社）が支給する給与

　　イ　同族会社が支給する給与で事前確定届出給与の届出を所轄税務署長にしているもの

⑥　事前確定届出給与

1．事前確定届出給与の損金算入

（1）事前確定届出給与の意義 （法法34①二）

　事前確定届出給与とは、役員に対して所定の時期に、下記（2）①から④の定めに基づいて支給する給与で、納税地の所轄税務署長に対して下記（3）の期日までに、一定の届出をして、所定の時期にその確定額を支給した給与をいいます。ただし、定期同額給与および業績連動給与に該当するものを除きます。

（2）確定した額を交付する旨の定め

　　①　確定した金銭を交付する旨の定め

　　②　確定した数の適格株式（出資を含む）を交付する旨の定め

　　③　確定した数の適格新株予約権を交付する旨の定め

　　④　確定した数の確定した額の金銭債権に係る特定譲渡制限付株式を交付する旨の定め

※　上記①は、定時株主総会で支給日と支払額を定め所轄税務署長に届け出て金銭の支給をする一般的な事前確定届出給与です。一方、②から④は、いわゆるストックオプションに該当します。役員や使用人に低い株価等で自社の株式を交付しまたは購入する権利を与え、一定期間経過後に、役員や使用人が値上がりした高い株価で売却して株式譲渡益を得るものです。しかし、このストックオプションによる所得は、役員または使用人がその地位に基づいて得たものですから、所得税法は、この譲渡益を給与所得として課税することとしています。法人税法は、これに対応してストックオプションによる株式交付による給与は、事前確定届出給与として損金に算入すると規定しています。

（3）期　日

① 上記（2）の交付する旨の定めをした場合
　ア　株主総会等の決議をした日から1月経過日（総会日が職務の遂行開始日後の場合は、職務開始日から1月経過日）
　イ　アの日が、会計期間4月経過日（職務執行期間開始日の属する会計期間開始の日から4月経過日）後の場合には、会計期間4月経過日（申告期限の指定を受ける場合は一定の期日）
② 新設法人が役員に対して確定した額の金銭等を交付する旨の定めをした場合には、その法人の設立の日から2月を経過する日
③ 臨時改定事由（法令69①一ロ）により、役員に対して確定した額の金銭等を交付する旨の定めをした場合には、上記①の日と事由発生日から1月経過日のうち遅い日

第13章

租税公課の税務

　租税公課は、原則として損金の額に算入されます。ただし、法人税の所得の金額の計算上、法人税、地方法人税および法人住民税は、損金不算入とされます。また、不正行為等による加算税等の付帯税や罰金等も損金不算入とされます。そのため、法人税の所得の金額を計算するため、法人税申告書別表五（二）において、租税公課の納付に係る経理を損金経理、仮払金経理および納税充当金経理に区分し、それぞれ申告調整を行います。租税公課の申告調整は、大法人から中小法人までのすべての法人で行わなければならない必須的な申告調整です。

① 法人税法上の租税公課の分類

1．損金に算入されるどうかの租税公課の分類

　法人税法は、各事業年度の所得の金額の計算上、損金の額に算入されない租税公課の範囲を限定列挙で、以下②のとおりに規定し、それ以外の租税公課は損金の額に算入されます。

2．租税公課の納付時の経理処理による分類

　法人税法は、租税公課の納付時の経理方法を以下の3種類に分類しています。そして、損金の額に算入される租税公課と損金の額に算入されない租税公課について、それぞれ法人税法上の申告調整等について規定しています。

- （1）　損金経理による納付
- （2）　仮払金経理による納付
- （3）　納税充当金取崩しによる納付

② 損金の額に算入されない租税公課

1．損金不算入の租税公課の範囲

　法人税の所得の金額の計算上、次に掲げる租税公課は損金に算入しません。また、損金に算入しない租税公課の還付金は益金に算入しません。

（1）法人税額および地方法人税額ならびに法人住民税額
（法法38、26）

① 　法人税の本税および地方法人税の本税（確定申告、修正申告、更正または決定を含む）

② 　法人住民税の本税（確定申告、修正申告、更正または決定を含む）

※1　期限内または期限後申告された確定申告、過少申告に対する修正申告、国税が行う既申告額に対する増額更正または無申告に対して決定により課税される本税は、すべて損金不算入となります。

※2　ただし、以下の租税公課は損金に算入されます。

① 退職年金等積立金に対する法人税および地方法人税→そもそも損金算入される租税公課

② 既に益金に算入した還付加算金の額が変更された場合における過大還付加算金の納付額→益金算入額の変更

③ 申告期限の延長に伴う利子税→正規の手続きによる利息相当額

（2）不正行為等に係る費用等 （法法55④）

① 国税に係る付帯税（延滞税、過少申告加算税、無申告加算税、不納付加算税および重加算税ならびに印紙税法の過怠税）

② 地方税法に規定にする延滞金（申告期限の延長の場合の延滞金を除く）、過少申告加算金、不申告加算金および重加算金

③ 罰金（1万円以上の刑事罰）、科料（1万円未満の刑事罰 「とがりょう」ともいう）、過料（行政罰で交通反則金など「あやまちりょう」ともいう）

（3）法人税額から控除する所得税等および外国税額
（法法40、41）

① 税額控除を受ける源泉所得税

※ 内国法人の受取利息等に課せられる源泉所得税額は、損金算入の租税公課です。しかし、源泉所得税も国税であることから国税の二重課税の排除のため、所得税額のうち一定額を損金不算入の申告調整をすることを条件に、所得税額控除を認めています。

② 税額控除を受ける外国法人税

※ 内国法人が国外所得を含めて法人税の申告をする場合に、国外所得につき源泉徴収された外国税額があるときは、国際間の二重課税を排除するため、その外国税額を損金不算入の申告調整をすることを条件に、外国税額控除を認めています。

③ 損金経理した租税公課の税務調整

1．損金経理により納付した租税公課の税務調整のまとめ（法法38、39、39の2、40、41）

［納付時の経理処理］

（法人税等）×××／（現金預金）×××

損金経理された租税公課	法人税法の税務調整
① 法人税および地方法人税の本税	①「損金計上法人税」（加算・留保）
② 法人住民税の本税	②「損金計上住民税」（加算・留保）
③ 国税の付帯税※1	③④「損金計上付帯税等」（加算・社外流出）
④ 地方税の延滞金等※2	
⑤ 罰金および科料ならびに過料	⑤「損金計上罰金等」（加算・社外流出）
⑥ 税額控除を受ける源泉所得税	⑥「法人税額から控除される所得税額」（加算・社外流出）
⑦ 税額控除を受ける外国法人税	⑦「税額控除対象外国法人税額」（加算・社外流出）
⑧ 損金算入される租税公課	⑧ 申告調整なし

※1 国税の付帯税は、延滞税、過少申告加算税、無申告加算税、重加算税、不納付加算税、印紙税の過怠税をいいます。

※2 地方税の延滞金等は、延滞金（期限延長分除く）、過少申告加算金、不申告加算金、重加算金をいいます。

※3 罰金（1万円以上の刑事罰）、科料（1万円未満の刑事罰）、過料（行政罰）

２．損金の額に算入される租税公課の例示 （法法38）

（１）損金の額に算入される主な租税公課

① 法人税の申告期限延長に伴う利子税

② 地方税の申告期限延長に伴う延滞金

③ 事業税および特別法人事業税の本税

④ 税込経理をした場合の消費税額等、税抜経理をした場合の控除対象外消費税等

⑤ 固定資産税、都市計画税、印紙税、不動産取得税、登録免許税、自動車税など

⑥ 事業所税[※1]

⑦ 社会保険料（厚生年金、健康保険）、労働保険料（労災保険、雇用保険）などの加算金[※2]

[※1]　事業所税は、原則として申告日の属する事業年度に損金算入しますが、製造原価に係る事業所税は、前期末に未払計上すれば損金算入できます（法基通9-5-1（1）イ）。

[※2]　法法55に規定されていないため損金の額に算入されます。

（２）租税公課の損金算入時期 （法基通9-5-1）

損金に算入される租税公課は、次の区分に応じた日の属する事業年度の損金の額に算入します。

① 申告納税方式による租税公課は、申告をした日または更正もしくは決定日

② 賦課課税方式による租税公課は、賦課決定のあった日

4 益金経理した租税公課還付金の税務調整

益金経理により還付された租税公課の税務調整のまとめ（法法26）

［還付時の経理処理］

（現金預金）×××／（雑収入）×××

益金経理された租税公課	法人税法の税務調整
① 法人税および地方法人税の本税還付金	①② 「法人税等の中間還付金額」（減算・留保）
② 法人住民税の本税還付金	
③ その他益金不算入で社外流出の租税公課	③ 「○○税還付金益金不算入」（減算・社外流出）
④ 控除しきれない所得税額等の還付金	④ 「所得税額等の還付金額」（減算・社外流出）
⑤ 控除しきれない外国法人税の還付金	⑤ 「外国税額等の還付金額」（減算・社外流出）
⑥ その他益金に算入される租税公課	⑥ 申告調整なし

5 仮払経理（仮払税金、未収税金）した租税公課の税務調整

1．仮払経理の具体例（予定納税による中間納税額の還付）

（1） 01期の課税所得が1,000万円で、法人税等が370万円（法人税250万円、住民税20万円、事業税100万円）でした。そして、01期に納税充当金（未払法人税等）370万円を繰り入れました。

（2） 02期に01期の法人税等370万円を、納税充当金（未払法人税等）を取り崩して納付しました。

（3） 02期に01期の1／2相当額の中間納税額185万円（法人税125万

円、住民税10万円、事業税50万円）を予定納税しました。

①　会社の仕訳　（法人税等）185 ／（現預金）185

②　税務の仕訳　なし

（４）　02期の課税所得が400万円となり、02期の法人税等が148万円
（法人税100万円、住民税８万円、事業税40万円）となりました。そ
のため、02期は、37万円（法人税△25万円、住民税△２万円、事業
税△10万円）の中間納税額の還付申告をしました。ただし、法人税
法は、租税公課を現金主義で処理するため以下の税務調整をするこ
とになります。

①　会社の仕訳　（未収税金）　37 ／（法人税等）　37

②　税務の仕訳　（法人税等）　37 ／（未収税金）　37

③　別表四の税務調整

　　　仮払税金認定損　　△ 37（減算・留保）

　　　損金計上法人税　　　25（加算・留保）

　　　損金計上住民税　　　 2（加算・留保）

※　仮払税金認定損で損金に算入された事業税10万円は損金算入されるため申
告調整はありません。

④　別表五（一）の調整

　　未収税金のマイナス37万円（利益剰余金の減少）

（５）　03期に法人税等37万円（法人税25万円、住民税２万円、事業税
10万円）の還付を受けました。

①　会社の仕訳　（現金預金）37 ／（未収税金）37

②　税務の仕訳　（未収税金）37 ／（法人税等）37

③　別表四の税務調整

　　　仮払税金認定損否認（前期仮払税金加算）　　37（加算・留保）

　　　法人税等の中間納付還付金額（法人税）　△ 25（減算・留保）

　　　法人税等の中間納付還付金額（住民税）　　△ 2（減算・留保）

※　事業税10万円は、益金算入の租税公課であるため、税務調整は必要ありま
せん。

④　別表五（一）の税務調整

　　なし

※　②の借方の未収税金は、別表五（一）で前期から繰り越された未収税金の
△37万円に対して +37万円の加算調整がされ、別表五（一）の未収入金残額
がゼロになり、会計と税務が一致します。
　　②の貸方の法人税等は、別表四で「仮払税金認定損否認」（加算・留保）
の税務調整（収益計上）により、前期に損金算入した未収税金を益金に算入
させます。益金に算入された法人税と住民税は「法人税等の中間納付還付金
額」で減算・留保され、事業税は益金にされるため申告調整はありません。

２．仮払経理（仮払税金、未収税金）により納付した 租税公課の取扱い

（１）仮払経理（仮払税金、未収税金）で租税公課を納付した事業年度の税務調整のまとめ

［納付時の経理処理］

（未収税金）×××　／（現金預金）×××

租税公課を仮払経理した場合	法人税法の税務調整
①　法人税および地方法人の本税	（１）別表四で、一旦損金に算入します。 　①～⑤「仮払税金認定損」（減算・留保） （２） 　①②「損金計上法人税（住民税）」（加算・留保） 　③「法人税額から控除される所得税額」（加算・社外流出） 　④「税額控除対象外国税額」（加算・社外流出） 　⑤「○○税損金不算入」（加・社外流出）
②　住民税の本税	
③　税額控除を受ける源泉所得税	
④　税額控除を受ける外国法人税額	
⑤　損金不算入で社外流出の○○税	
⑥　申告期限延長利子税および延滞金	（１）別表四で、一旦損金に算入します。 　⑥～⑧「仮払税金認定損」（減算・留保） （２）損金算入されるため、申告調整は不要
⑦　事業税、特別法人事業税	
⑧　その他損金算入される租税公課	

（2）仮払経理された租税公課が還付された事業年度の税務調整のまとめ

［還付時の経理処理］

（現金預金）×××／×××（未収税金）

前期仮払経理の税金の還付を受けた場合	法人税法の税務調整
①　法人税および地方法人税の本税、法人住民税の本税の還付金	（1）別表四で、一旦益金に算入します 　①～③「仮払税金認定損否認」（加算・留保） （2） 　①「法人税等の中間還付額」（減算・留保） 　②「所得税額等還付金額等」（減算・社外流出） 　③「○○税益金不算入」（減算・社外流出）
②　税額控除しきれない所得税等の還付金、税額控除しきれない外国法人税の還付金	
③　損金不算入の○○税の還付金	
④　事業税の還付金	（1）別表四で、一旦損金に算入します。 　④～⑥「仮払税金認定損」（減算・留保） （2）損金算入されるため、申告調整は不要
⑤　特別法人事業税の還付金	
⑥　その他損金算入される租税公課の還付金	

※　雑収入に計上されて益金の額に算入された経理と同様の処理です。

⑥　納税充当金経理した租税公課の税務調整

1．損金経理をした納税充当金の取扱い

　納税充当金勘定（未払法人税等）は、貸借対照表の負債科目であり、法人が確定した決算において、納付すべき法人税等の見積額を損金経理するときの相手科目です。損金経理の相手勘定は、損益計算書の「税引前当期利益金額」の次に表示される「法人税等」勘定が一般的です。

［経理処理］

（法人税等）×××／（未払法人税等）×××

　ただし、法人税法上、この損金経理した納税充当金は損金に算入されません。そのため、別表四でその全額を加算・留保します。また、別表五（一）で負債科目の納税充当金を同額増加させ、法人税法上の利益剰余金を増加させます。

［税務仕訳］（未払法人税等）×××／（法人税等）×××

［申告調整］別表四「損金計上納税充当金」（加算・留保）

　　　　　　別表五（一）「納税充当金」加算

2．納税充当金から支出した租税公課の取扱い

　翌期以降に納税充当金取崩し経理により租税公課を納付した場合の税務調整のまとめ

［経理処理］

（未払法人税等）×××／（現預金）×××

租税公課を納税充当金取崩で納付	法人税法上の取扱い
① 法人税および地方法人税の本税	①②申告書作成の慣行上は、申告調整不要※1
② 法人住民税の本税	
③ 申告期限延長の利子税および延滞金	（1）③〜⑤　別表四で一旦損金に算入させます「納税充当金から支出した事業税等」（減算・留保）
④ 事業税および特別法人事業税の本税	
⑤ その他損金算入される租税公課	（2）損金に算入される租税公課のため申告調整なし

※1　納税充当金取崩し経理により納付した場合は、本来、一旦「仮払税金認定損」の調整項目で損金算入した後に、「損金計上法人税」または「損金計上住民税」の調整項目で加算・留保するべきです。しかし、法人税別表四では、減算項目と加算項目がともに留保項目であり、金額も同額のため、この加減算を省略して税務調整をしない慣行があります。ただし、別表四の留保金額を別表

五（一）に転記する際には、この加減算項目を省略せずに転記する必要があります。そうしないと別表間の検算が合わなくなるためです。

⑦　法人税の別表の記載例

次ページ以降に、⑤1.の「仮払経理の具体例」02期の別表四、別表五㈠および別表五㈡の記載例を例示したので参考にしてください。

法人税法の別表五（二）「租税公課の納付状況等に関する明細書」は、法人税の申告書を作成する際に最初に記載する別表です。別表五（二）では、当期中の租税公課の納付税額を、③の列に「充当金取崩しによる納付」、④の列に「仮払経理による納付」、⑤の列に「損金経理による納付」に区分して集計しています。これらを基礎にして、別表四、別表五（一）を作成しています。

👀 実務の着眼点（租税公課と法人税申告書）

法人税申告書を作成する際には、まず、別表五（二）租税公課の納付状況に関する明細書の作成から始めます。法人の確定した決算に基づく財務諸表の基礎となる総勘定元帳から、損金経理した租税公課、納税充当金取崩しにより納付した租税公課および仮払金経理した租税公課を調べて整理します。そして、それぞれの租税公課を、損金算入のものと損金不算入のものに区分して別表五（二）に記載します。別表五（二）の記載を正しく行えば、別表四への転記により所得の金額の計算ができます。法人税申告書作成ソフトも、作成者が入力した別表五（二）の金額を自動的に別表四に転記します。そのため、別表五（二）の金額に誤りがあると正しい所得金額の計算ができません。

所得の金額の計算に関する明細書

「損金計上法人税」

事業 年度	令和4 ・ 4 ・ 1 令和5 ・ 3 ・31	法人名	

	区　　　　　分		総　　額 ①	処　　　　分		
				留　保 ②	社　外　流　出 ③	
	当 期 利 益 又 は 当 期 欠 損 の 額	1	円 4,020,000	円 4,020,000	配　当	円
					その他	
加	損金経理をした法人税及び地方法人税（附帯税を除く。）	2	1,250,000	1,250,000		
	損金経理をした道府県民税及び市町村民税	3	100,000	100,000		
	損 金 経 理 を し た 納 税 充 当 金	4	0	0		
	損金経理をした附帯税（利子税を除く。）、加算金、延滞金（延納分を除く。）及び過怠税	5			その他	
	減 価 償 却 の 償 却 超 過 額	6				
	役 員 給 与 の 損 金 不 算 入 額	7			その他	
	交 際 費 等 の 損 金 不 算 入 額	8			その他	
算	通 算 法 人 に 係 る 加 算 額 （別表四付表「5」）	9			外※	
	小　　　　　計	11	1,350,000	1,350,000	外※	
減	減 価 償 却 超 過 額 の 当 期 認 容 額	12	1,000,000	1,000,000		
	納税充当金から支出した事業税等の金額	13				
	受 取 配 当 等 の 益 金 不 算 入 額 （別表八（一）「13」又は「26」）	14			※	
	外国子会社から受ける剰余金の配当等の益金不算入額 （別表八（二）「26」）	15			※	
	受 贈 益 の 益 金 不 算 入 額	16			※	
	適 格 現 物 分 配 に 係 る 益 金 不 算 入 額	17			※	
	法人税等の中間納付額及び過誤納に係る還付金額	18				←「法人税の中間還付金額」
	所得税額等及び欠損金の繰戻しによる還付金額	19			※	←「所得税額等の還付金額」
算	通 算 法 人 に 係 る 減 算 額 （別表四付表「10」）	20			※	
	仮 払 税 金 認 定 損	21	370,000	370,000		
	小　　　　　計	22	1,370,000	1,370,000	外※	
	仮　　　　　計 (1) + (11) − (22)	23	4,000,000	4,000,000	外※	
	対 象 純 支 払 利 子 等 の 損 金 不 算 入 額 （別表十七（二の二）「29」又は「34」）	24			その他	
	超 過 利 子 額 の 損 金 算 入 額 （別表十七（二の三）「10」）	25	△		※	△
	仮　　　　　計 （（23）から（25）までの計）	26	4,000,000	4,000,000	外※	
	寄 附 金 の 損 金 不 算 入 額 （別表十四（二）「24」又は「40」）	27			その他	
	沖縄の認定法人又は国家戦略特別区域における指定法人の所得の特別控除額又は益金算入額（別表十（一）「15」若しくは別表十（二）「10」又は別表十（一）「16」若しくは別表十（二）「11」）	28			※	
	法 人 税 額 か ら 控 除 さ れ る 所 得 税 額 （別表六（一）「6の③」）	29			その他	←「控除所得税額」
	税 額 控 除 の 対 象 と な る 外 国 法 人 税 の 額 （別表六（二の二）「7」）	30			その他	
	分配時調整外国税相当額及び外国関係会社等に係る控除対象所得税額等相当額 （別表六（五の二）「5の②」＋別表十七（三の六）「1」）	31			その他	
	組合等損失額の損金不算入額又は組合等損失超過合計額の損金算入額 （別表九（二）「10」）	32				
	対外船舶運航事業者の日本船舶による収入金額に係る所得の金額の損金算入額又は益金算入額（別表十（四）「20」、「21」又は「23」）	33			※	
	合　　　　　計 (26) + (27) + (28) + (29) + (30) + (31) + (32) ± (33)	34	4,000,000	4,000,000	外※	
	契 約 者 配 当 の 益 金 算 入 額 （別表九（一）「13」）	35				
	特定目的会社等の支払配当又は特定目的信託に係る受託法人の利益の分配等の損金算入額 （別表十（八）「13」、別表十（九）「11」又は別表十（十）「16」若しくは「33」）	36	△	△		
	中間申告における繰戻しによる還付に係る災害損失欠損金額の益金算入額	37			※	
	非適格合併又は残余財産の全部分配等による移転資産等の譲渡利益額又は譲渡損失額	38			※	
	差　　引　　計 （（34）から（38）までの計）	39	4,000,000	4,000,000	外※	
	更生欠損金又は民事再生等評価換えが行われる場合の再生等欠損金の損金算入額 （別表七（三）「9」又は「21」）	40	△		※	△
	通算対象欠損金額の損金算入額又は通算対象所得金額の益金算入額 （別表七の三「5」又は「11」）	41			※	
	当 初 配 賦 欠 損 金 控 除 額 の 益 金 算 入 額 （別表七（二）付表一「23の計」）	42			※	
	差　　引　　計 （39）＋（40）±（41）＋（42）	43	4,000,000	4,000,000	外※	
	欠 損 金 又 は 災 害 損 失 金 等 の 当 期 控 除 額 （別表七（一）「4の計」＋別表七（四）「10」）	44	△		※	△
	総　　　　　計 （43）＋（44）	45	4,000,000	4,000,000	外※	
	新鉱床探鉱費又は海外新鉱床探鉱費の特別控除額 （別表十（三）「43」）	46	△		※	△
	農業経営基盤強化準備金積立額の損金算入額 （別表十二（十四）「10」）	47	△	△		
	農用地等を取得した場合の圧縮額の損金算入額 （別表十二（十四）「43の計」）	48	△	△		
	関西国際空港用地整備準備金積立額、中部国際空港整備準備金積立額又は再投資等準備金積立額の損金算入額 （別表十二（十一）「15」、別表十二（十二）「10」又は別表十二（十五）「12」）	49	△	△		
	特別新事業開拓事業者に対し特定事業活動として出資をした場合の特別勘定繰入額の損金算入額又は特別勘定取崩額の益金算入額 （別表十（六）「15」－「11」）	50			※	
	残余財産の確定の日の属する事業年度に係る事業税及び特別法人事業税の損金算入額	51	△	△		
	所 得 金 額 又 は 欠 損 金 額	52	4,000,000	4,000,000	外※	

◆法人税申告書　別表五（一）

利益積立金額及び資本金等の額の計算に関する明細書		事業年度	令和4・4・1 令和5・3・31	法人名		別表五（一）

令四・四・一以後終了事業年度分

Ⅰ　利益積立金額の計算に関する明細書

区　分		期首現在 利益積立金額 ①	当　期　の　増　減		差引翌期首現在 利益積立金額 ①－②＋③ ④
			減 ②	増 ③	
利　益　準　備　金	1	円	円	円	円
積　立　金	2				
	3				
	4				
	5				
	6				
	7				
	8				
	9				
	10				
	11				
	12				
	13				
	14				
	15				
	16				
	17				
	18				
	19				
	20				
	21				
未収還付法人税	22			250,000	250,000
未収還付住民税	23			20,000	20,000
仮払税金	24			△370,000	△370,000
繰越損益金（損は赤）	25	×××××	×××××	○○○○○	○○○○○
納　税　充　当　金	26	3,700,000	3,700,000	0	0
未納法人税等（退職年金等積立金に対するものを除く。）　未納法人税及び未納地方法人税（附帯税を除く。）	27	△2,500,000	△3,750,000	中間 △1,000,000 確定 △250,000	△0
未払通算税効果額（附帯税の額に係る部分の金額を除く。）	28			中間 20,000 確定 20,000	0
未納道府県民税（均等割額を含む。）	29	△	△	中間 △ 確定 △	△
未納市町村民税（均等割額を含む。）	30	△	△	中間 △ 確定 △	△
差　引　合　計　額	31	1,000,000	△350,000	△1,450,000	△100,000

Ⅱ　資本金等の額の計算に関する明細書

区　分		期首現在 資本金等の額 ①	当　期　の　増　減		差引翌期首現在 資本金等の額 ①－②＋③ ④
			減 ②	増 ③	
資本金又は出資金	32	10,000,000 円	円	円	10,000,000 円
資　本　準　備　金	33				
	34				
	35				
差　引　合　計　額	36	10,000,000			10,000,000

◆法人税申告書　別表五（二）

租税公課の納付状況等に関する明細書　　事業年度　令和4・4・1／令和5・3・31　　法人名

税目及び事業年度			期首現在未納税額 ①	当期発生税額 ②	当期中の納付税額 充当金取崩しによる納付 ③	当期中の納付税額 仮払経理による納付 ④	当期中の納付税額 損金経理による納付 ⑤	期末現在未納税額 ①+②-③-④-⑤ ⑥
法人税及び地方法人税		・　・ 1	円		円	円	円	円
		04・4・1 05・3・31 2	2,500,000		2,500,000			0
	当期分	中間 3		1,250,000円		250,000	10,000,000	0
		確定 4						0
		計 5	2,500,000	1,250,000	2,500,000	250,000	10,000,000	0
道府県民税		・　・ 6						
		04・4・1 05・3・31 7	25,000		25,000		25,000	0
	当期分	中間 8		12,500		12,500		
		確定 9						
		計 10	25,000	12,500	25,000	12,500	25,000	0
市町村民税		・　・ 11						
		04・4・1 05・3・31 12	175,000		175,000			0
	当期分	中間 13		87,500		89,500		0
		確定 14						0
		計 15	175,000	87,500	175,000	89,500		0
特別法人事業税及び事業税		・　・ 16						
		04・4・1 05・3・31 17		1,000,000	1,000,000			0
	当期	中間分 18		500,000		100,000	400,000	0
		計 19		1,500,000	1,000,000	100,000	400,000	0
その他	損金算入のもの	利子税 20						
		延滞金（延納に係るもの）21						
		損金算入租税公課 22		×××××			×××××	
		23						
	損金不算入のもの	加算税及び加算金 24						
		延滞税 25						
		延滞金（延納分を除く。）26						
		過怠税 27						
		源泉所得税 28		×××			×××	
		29						

納税充当金の計算

期首納税充当金 30	3,700,000円			その他 取崩額	損金算入のもの 36			円
繰入額	損金経理をした納税充当金 31	0			損金不算入のもの 37			
	32				38			
	計 (31)+(32) 33	0			仮払税金消却 39			
取崩額	法人税額等 (5の③)+(10の③)+(15の③) 34	2,700,000			計 (34)+(35)+(36)+(37)+(38)+(39) 40			3,700,000
	事業税及び特別法人事業税 (19の③) 35	1,000,000		期末納税充当金 (30)+(33)-(40) 41				0

通算法人の通算税効果額又は連結法人税個別帰属額及び連結地方法人税個別帰属額の発生状況等の明細

事業年度	期首現在未決済額 ①	当期発生額 ②	当期中の決済額 支払額 ③	当期中の決済額 受取額 ④	期末現在未決済額 ⑤
・　・ 42	円		円	円	円
・　・ 43					
当期分 44		中間 円 / 確定			
計 45					

第 14 章

寄附金の税務

　寄附金というと、一般的には、出身校への寄附金や被災地への義援金など
を思い浮かべるかと思います。しかし、法人税法上の寄附金は、法人が金銭
その他の資産または経済的な利益の贈与または無償の供与をすることをいい
ます。

　したがって、法人が資産を無償で贈与した場合には、受贈者からその資産
の時価相当額の対価を受けたのちに、その対価相当額を受贈者に寄附したも
のとして取り扱います。そして、その寄附金の額が、法人税法の寄附金の損
金算入限度額を超える場合には、その超える金額が損金不算入とされます。

　このように、税法上の寄附金は、通常の寄附金とはその範囲や金額が異な
ります。

１ 寄附金の損金不算入

１．寄附金の損金不算入 （法法37）

（１）寄附金の損金不算入 （法法37①）

　内国法人が各事業年度において支出した寄附金の額（（２）の規定の適用を受ける寄附金の額を除く）の合計額のうち、損金算入限度額を超える部分の金額は、その内国法人の各事業年度の所得の金額の計算上、損金の額に算入しません。

（２）完全支配関係がある法人への支出寄附金 （法法37②）

　内国法人が各事業年度において、その内国法人との間に完全支配関係（法人による支配関係に限る）がある他の内国法人（受贈法人）に対して支出した寄附金の額は、その内国法人の各事業年度の所得の金額の計算上、損金の額に算入しません。すなわち、寄附した金額の全額が損金不算入となります。

　この場合の寄附金の額は、他の内国法人（受贈法人）の各事業年度の所得の金額の計算上、益金の額に算入される受贈益の額に対応するものに限ります。ただし、他の内国法人（受贈法人）は、完全支配関係がある法人からの受贈益の益金不算入（法法25の２）の規定の適用により、その受贈益の額は益金に算入されません（⑥２．を参照）。

（３）指定寄附金等 （法法37③）

　（１）の場合において、（１）に規定する寄附金の額のうちに次の①②に掲げる寄附金の額があるときは、その①②に掲げる寄附金の額の合計額は（１）に規定する寄附金の額の合計額に算入しません。

① 国等に対する寄附金

　国または地方公共団体に対する寄附金（その寄附をした者がその寄附によって設けられた設備を専属的に利用することその他特別の利益がその寄附をした者に及ぶと認められるものを除く）の額

【具体例】

・国公立学校の設立団体に対する寄附金でその施設が国等に帰属するもの

・日本赤十字社等に対する災害義援金のうち、最終的に義援金配分委員会等に対して拠出されることが明らかにされているもの

②　指定寄附金

公益社団法人、公益財団法人その他公益を目的とする事業を行う法人または団体に対する寄附金（その法人の設立のためにされる寄附金その他のその法人の設立前においてされる寄附金で一定のものを含む）のうち、次に掲げる要件を満たすと認められるものとして財務大臣が指定したものの額

ア　広く一般に募集されること。

イ　教育または科学の振興、文化の向上、社会福祉への貢献その他公益の増進に寄与するための支出で緊急を要するものに充てられることが確実であること。

【具体例】

・日本学生支援機構に対する寄附金で学資の貸与に充てられるもの

・各都道府県共同募金会に対する寄附金で財務大臣の承認を受けたもの（赤い羽根募金）

・日本赤十字社に対する寄附金で財務大臣の承認を受けたもの

（4）特定公益増進法人等に対する寄附金 (法法37④)

（1）の場合において、（1）に規定する寄附金の額のうちに、公共法人、公益法人等およびその他特別の法律により設立された法人のうち、教育または科学の振興、文化の向上、社会福祉への貢献その他公益の増進に著しく寄与するものとして法令77で定めるものに対するその法人の主たる目的である業務に関連する寄附金（出資に関する業務に充てられることが明らかなものおよび（3）に規定する寄附金に該当するものを除く）の額があるときは、その寄附金の額の合計額（その合計額がその事業年度に係る特別損金算入限度額を超える場合には、その特別損金算入限度額に相当する金額）は、（1）に規定する寄附

金の額の合計額に算入しません。

【具体例】特定公益増進法人等 (法令77)

・日本赤十字社に対する寄附金で経常経費に充てられるもの
・社会福祉法人
・私立学校法人で学校の設置を主目的とするもの
・公益財団法人日本オリンピック委員会等
・独立行政法人

👀 **実務の着眼点（寄附金の区分）**

支出した寄附金の額を、指定寄附金等、特定公益増進法人等に対する寄附金およびその他の寄附金に区分して、寄附金の損金算入限度額の計算をしたうえで損金不算入額の計算をします。実務では、寄附金の領収書により確認します。領収書には、どの種類の寄附金に該当するかが記載されていることがあります。また、寄附した相手のホームページに寄附金の種類が公表されている場合もあります。もちろん、直接、法人に連絡して寄附金の種類を確認することもできます。

② 損金不算入額の計算方法

【寄附金の損金不算入額（普通法人の場合）】

（1）支出寄附金の額

① 指定寄附金等

② 特定公益増進法人等寄附金

③ その他寄附金

④ ①＋②＋③＝×××

⑤ 完全支配関係法人寄附金

⑥ 合計 ④＋⑤＝×××

（2）損金算入限度額

① 一般寄附金の損金算入限度額（寄附金総額の限度額）

ア 資本基準額（12月間での金額のため月数按分）

　　　　（期末資本金額＋期末資本積立金額）×12/12×2.5/1,000

　　イ　所得基準額（寄附金をしない場合の所得の2.5/100）

　　　　（別表四仮計＋支出寄附金（1）⑥）×2.5/100

　　ウ　損金算入限度額

　　　　（ア＋イ）×1/4

②　特別損金算入限度額（特定公益増進法人等の限度額）

　　ア　資本基準額（12月間での金額のため月数按分）

　　（期末資本金額＋期末資本積立金額）×12/12×3.75[※1]/1,000

　　　※1　2.5×1.5＝3.75

　　イ　所得基準額（寄附金の支出がない場合の所得の 6.25/100）

　　　　（別表四仮計＋支出寄附金（1）⑥）×6.25[※2]/100

　　　※2　2.5×2.5＝6.25

　　ウ　損金算入限度額

　　　　（ア＋イ）×1/2

（3）損金不算入額

①　寄附金総額（1）④－指定寄附金（1）①－特定公益寄附金（1）②と特別限度額（2）②少ない方－一般限度額（2）①＝×××

②　完全支配関係法人寄附金（（1）⑤）

③　寄附金損金不算入額　①＋②＝×××（加算・社外流出）

③　寄附金の額

1．寄附金の額

（1）寄附金の額（法法37⑦⑧）

①　寄附金の意義と金額

　寄附金、拠出金、見舞金その他いずれの名義をもってするかを問わず、内国法人が金銭その他の資産または経済的な利益の贈与または無

償の供与（広告宣伝および見本品の費用その他これらに類する費用ならびに交際費、接待費および福利厚生費とされるべきものを除く）をした場合におけるその金銭の額もしくは金銭以外の資産のその贈与の時における価額またはその経済的な利益のその供与の時における価額によります。

② 低額譲渡および低廉供与による寄附金

内国法人が資産の譲渡または経済的な利益の供与をした場合において、その譲渡または供与の対価の額が当該資産のその譲渡の時における価額またはその経済的な利益のその供与の時における価額に比して低いときは、その対価の額とその価額との差額のうち実質的に贈与または無償の供与をしたと認められる金額は、寄附金の額に含まれるものとされます。

（2）寄附金の額の算定

① 金銭その他の資産贈与または無償の供与をした場合

　ア　金銭の贈与：金銭の額

　イ　金銭以外の資産：贈与または無償の供与時の価額

② 経済的利益の贈与または無償の供与をした場合

　経済的利益の贈与または無償の供与時の価額

③ 資産等を低額で贈与した場合

　ア　資産の低額譲渡：譲渡時の価額－対価の額

　イ　経済的利益の低廉供与：供与時の価額－対価の額

2．寄附金の額の具体例（単位：万円）

（1）A社がB社へ時価1,000、簿価600の土地を贈与した場合

① 会社の仕訳

　（寄附金）600／（土　地）600

② 税務の仕訳

　（寄附金）600／（土　地）600

（寄附金）400 ／（土地売却益）400

※　寄附金の認定損400（減算・社外流出）と土地売却益400（加算・社外流出）の申告調整は加算額と減算額が同額のため行わず、寄附金の限度額計算時に、支出寄附金1,000を含めて計算します。

（2）　Ａ社がＢ社へ時価1,000、簿価600の土地を対価800で売却した場合

①　会社の仕訳

（現預金）　　　800 ／（土地売却益）800
（土地売却益）600 ／（土　　地）　600

②　税務の仕訳

（現預金）　　　800 ／（土地売却益）800
（土地売却益）600 ／（土　　地）　600
（寄附金）　　　200 ／（土地売却益）200

※　寄附金の認定損200（減算・社外流出）と土地売却益200（加算・社外流出）の申告調整は加算額と減算額が同額のため行わず、寄附金の限度額計算時に、支出寄附金200を含めて計算します。

④　寄附金の額に該当しないもの

①　寄附金以外の費用となるもの

金銭その他の資産または経済的な利益の贈与または無償の供与のうち、広告宣伝および見本品の費用その他これらに類する費用ならびに交際費、接待費および福利厚生費とされるべきものは寄附金の額に該当しません。

②　個人が負担すべき寄附金（法基通9-4-2の2）

法人が損金として支出した寄附金で、その法人の役員等が個人として負担すべきものと認められるものは、その負担すべき者に対する給与としますので寄附金には該当しません。

③　繰延資産となるもの（法令14①六イ）

自己が便益を受ける公共的施設または共同的施設の設置もしくは改

良のために支出した費用は、繰延資産に該当します。

（例）A社が所有する倉庫に接道する県道を舗装するために県に支出する金額は、繰延資産として資産計上され、損金経理により、舗装道路の法定耐用年数10年の4/10（専ら使用の場合は7/10）の期間のうち当期に対応する償却限度額を上限として損金に算入します。

④ **固定資産の取得に関連して支出する寄附金**（法基通7-3-3）

法人が、固定資産の取得に関連して支出する地方公共団体に対する寄附等は、その取得した資産の取得価額に算入します。

（例）A社は、古家付き土地を購入し建物を新築する際に、都市計画法の規定により、取得した土地の一部を区に道路として提供した。この提供した道路の価額は土地の取得価額とする。

⑤ **子会社等を整理する場合の損失負担等**（法基通9-4-1）

法人がその子会社等の解散、経営権の譲渡等に伴い当該子会社等のために債務の引受けその他の損失負担または債権放棄等（以下、「損失負担等」という）をした場合において、その損失負担等をしなければ今後より大きな損失を蒙ることになることが社会通念上明らかであると認められるため、やむを得ずその損失負担等をするに至った等、そのことについて相当な理由があると認められるときは、その損失負担等により供与する経済的利益の額は、寄附金の額に該当しないものとします。

⑥ **子会社等を再建する場合の無利息貸付け等**（法基通9-4-2）

法人がその子会社等に対して金銭の無償もしくは通常の利率よりも低い利率での貸付けまたは債権放棄等（以下、「無利息貸付け等」という）をした場合において、その無利息貸付け等が、例えば業績不振の子会社等の倒産を防止するためにやむを得ず行われるもので合理的な再建計画に基づくものである等、その無利息貸付け等をしたことについて相当な理由があると認められるときは、その無利息貸付け等により供与する経済的利益の額は、寄附金の額に該当しないものとします。

⑦ **災害の場合の取引先に対する売掛債権の免除等**（法基通9-4-6の2）

法人が、災害を受けた得意先等の取引先（以下⑧まで「取引先」と

いう）に対してその復旧を支援することを目的として災害発生後相当の期間（災害を受けた取引先が通常の営業活動を再開するための復旧過程にある期間をいう。以下⑧において同じ）内に売掛金、未収請負金、貸付金その他これらに準ずる債権の全部または一部を免除した場合には、その免除したことによる損失の額は、寄附金の額に該当しないものとします。

⑧ **災害の場合の取引先に対する低利または無利息による融資**（法基通9-4-6の3）

　法人が、災害を受けた取引先に対して低利または無利息による融資をした場合において、その融資が取引先の復旧を支援することを目的として災害発生後相当の期間内に行われたものであるときは、その融資は正常な取引条件に従って行われたものとします。

⑨ **自社製品等の被災者に対する提供**（法基通9-4-6の4）

　法人が不特定または多数の被災者を救援するために緊急に行う自社製品等の提供に要する費用の額は、寄附金の額に該当しないものとします。

⑤ 寄附金の額の経理処理

１．現金主義による認識 （法令78）

　寄附金の支出は、各事業年度の所得の金額の計算については、その支払いがされるまでの間、なかったものとする。

２．未払金経理の場合 （法基通9-4-2の4）

（1）当期の処理

① 会社経理

　（寄附金）×××／（未払金）×××

② **法人税処理（支出寄附金の額に含めない）**

別表四　未払寄附金否認　×××（加算・留保）

（2）翌期の処理

① **会社経理**

（未払金）×××／（現預金）×××

② **法人税処理（支出寄附金の額に含める）**

別表四　前期未払寄附金認定損　×××（減算・留保）

3．支払手形の場合（法基通9-4-2の4）

（1）当期の処理

① **会社経理**

（寄附金）×××／（支払手形）×××

② **法人税処理（支出寄附金の額に含めない）**

別表四　未払寄附金否認　×××（加算・留保）

（2）翌期の処理

① **会社経理**

（支払手形）×××／（現預金）×××

② **法人税処理（支出寄附金の額に含める）**

別表四　前期未払寄附金認定損　×××（減算・留保）

4．仮払金経理の場合（法基通9-4-2の3）

（1）当期の処理

① **会社経理**

（仮払金）×××／（現預金）×××

② **法人税処理（支出寄附金の額に含める）**

　別表四　仮払寄附金認定損　×××（減算・留保）

（2）翌期の処理

① **会社経理**

　（寄附金）×××／（仮払金）×××

② **法人税処理（支出寄附金の額に含めない）**

　別表四　前期仮払寄附金否認　×××（加算・留保）

6 完全支配関係のある法人間の特例

1. 完全支配関係のある法人間の寄附金および受贈益の特例

　平成22年10月１日以後に開始する事業年度において、法人による完全支配関係のある内国法人間での取引については、寄附金を支出した法人は、その寄附金の額が全額損金不算入とされました。ただし、その寄附金を受けた法人においては、その受贈益の額の全額が益金不算入とされ、利益剰余金に加算されることとされました。

2. 完全支配関係がある法人から受けた受贈益の益金不算入（法法25の2）

① 内国法人が各事業年度においてその内国法人との間に完全支配関係（法人による完全支配関係に限る）がある他の内国法人（寄附法人）から受けた受贈益の額は、その内国法人の各事業年度の所得の金額の計算上、益金の額に算入しません。

　この場合の受贈益の額は、その他の内国法人（寄附法人）の各事業年度の所得の金額の計算上、損金の額に算入される寄附金の額に対応するものに限ります。ただし、その他の内国法人（寄附法人）は、完全支配関係がある法人への寄附金の損金不算入（法法37②）

の規定により、この寄附金の額は全額損金の額に算入されません（[1]1.（2）を参照）。

② 　上記①に規定する受贈益の額は、寄附金、拠出金、見舞金その他いずれの名義をもってされるかを問わず、内国法人が金銭その他の資産または経済的な利益の贈与または無償の供与（広告宣伝および見本品の費用その他これらに類する費用ならびに交際費、接待費および福利厚生費とされるべきものを除く）を受けた場合における当該金銭の額もしくは金銭以外の資産のその贈与の時における価額またはその経済的な利益のその供与の時における価額によります。

③ 　内国法人が資産の譲渡または経済的な利益の供与を受けた場合において、その譲渡または供与の対価の額がその資産のその譲渡の時における価額またはその経済的な利益のその供与の時における価額に比して低いときは、当該対価の額と当該価額との差額のうち実質的に贈与または無償の供与を受けたと認められる金額は、上記②の受贈益の額に含まれるものとします。

👀 実務の着眼点（完全支配関係のある法人間の寄附金）

法人による完全支配関係のある内国法人間での取引については、寄附をした法人は、その寄附金の額が全額損金不算入とされ、その寄附を受けた法人は、その寄附を受けた資産の価額に相当する受贈益の全額が益金不算入とされます。完全支配関係にある親法人が子法人に寄附をした場合には、親法人の資産は、寄附した価額だけ減少しますが、所有する子法人の株価は同額増加します。ただし、寄附金の額は全額損金不算入とされますので、親法人の資産は、法人税額分だけ減少します。子法人の資産は、法人税の負担なしで寄附を受けた価額だけ増加します。この取扱いは、法人による完全支配関係がある場合に限るとされています。

◆法人税申告書　別表四

所得の金額の計算に関する明細書

別表四

区　分		総　額 ①	処　分	
			留　保 ②	社外流出 ③
当期利益又は当期欠損の額	1	円	円	配　当　円
				その他
加算	損金経理をした法人税及び地方法人税（附帯税を除く。）	2		
	損金経理をした道府県民税及び市町村民税	3		
	損金経理をした納税充当金	4		
	損金経理をした附帯税（利子税を除く。）、加算金、延滞金（延納分を除く。）及び過怠税	5		その他
	減価償却の償却超過額	6		
	役員給与の損金不算入額	7		その他
	交際費等の損金不算入額	8		その他
	通算法人に係る加算額（別表四付表「5」）	9		外※
		10		
	小　計	11		外※
減算	減価償却超過額の当期認容額	12		
	納税充当金から支出した事業税等の金額	13		
	受取配当等の益金不算入額（別表八（一）「13」又は「26」）	14		※
	外国子会社から受ける剰余金の配当等の益金不算入額（別表八（二）「26」）	15		※
	受贈益の益金不算入額	16		※
	適格現物分配に係る益金不算入額	17		※
	法人税等の中間納付額及び過誤納に係る還付金額	18		
	所得税額等及び欠損金の繰戻しによる還付金額等	19		※
	通算法人に係る減算額（別表四付表「10」）	20		※
		21		
	小　計	22		外※
仮計　(1)+(11)-(22)	23			外※
対象純支払利子等の損金不算入額（別表十七（二の二）「29」又は「34」）	24			その他
超過利子額の損金算入額（別表十七（二の三）「10」）	25	△		※ △
仮計　(23)から(25)までの計	26			外※
寄附金の損金不算入額（別表十四（二）「24」又は「40」）	27			その他
沖縄の認定法人又は国家戦略特別区域における指定法人の所得の特別控除額又は軽減対象所得金額の益金算入額（別表十（一）若しくは別表十（二）「10」又は別表十（一）「16」若しくは別表十（二）「11」）	28			※
法人税額から控除される所得税額（別表六（一）「6の③」）	29			その他
税額控除の対象となる外国法人税の額（別表六（二の二）「7」）	30			その他
分配時調整外国税相当額及び外国関係会社等に係る控除対象所得税額等相当額（別表六（五の二）「5の②」＋別表十七（三の六）「1」）	31			その他
組合等損失額の損金不算入額又は組合等損失超過合計額の損金算入額（別表九（二）「10」）	32			
対外船舶運航事業者の日本船舶による収入金額に係る所得の金額の損金算入額又は益金算入額（別表十（四）「20」、「21」又は「23」）	33			※
合　計　(26)+(27)±(28)+(29)+(30)+(31)+(32)±(33)	34			外※
契約者配当の益金算入額（別表九（一）「13」）	35			
特定目的会社等の支払配当又は特定目的信託に係る受託法人の利益の分配等の損金算入額（別表十（八）「13」、別表十（九）「11」又は別表十（十）「16」若しくは「33」）	36	△	△	
中間申告における繰戻しによる還付に係る災害損失欠損金額の益金算入額	37			※
非適格合併又は残余財産の全部分配等による移転資産等の譲渡利益額又は譲渡損失額	38			※
差　引　計　(34)から(38)までの計	39			外※
更生欠損金又は民事再生等評価換えが行われる場合の再生等欠損金の損金算入額（別表七（三）「9」又は「21」）	40	△		※
通算対象欠損金額の損金算入額又は通算対象所得金額の益金算入額（別表七の二「5」又は「11」）	41			※
当初配賦欠損金控除額の益金算入額（別表七（二）付表一「23の計」）	42			※
差　引　計　(39)+(40)±(41)+(42)	43			外※
欠損金又は災害損失金等の当期控除額（別表七（一）「4の計」＋別表七（四）「10」）	44	△		※ △
総　計　(43)+(44)	45			外※
新鉱床探鉱費又は海外新鉱床探鉱費の特別控除額（別表十（三）「43」）	46	△		※
農業経営基盤強化準備金積立額の損金算入額（別表十二（十四）「10」）	47	△	△	
農用地等を取得した場合の圧縮額の損金算入額（別表十二（十四）「43の計」）	48	△	△	
関西国際空港用地整備準備金積立額、中部国際空港整備準備金積立額又は再投資等準備金積立額の損金算入額（別表十二（十一）「15」、別表十二（十二）「10」又は別表十二（十五）「12」）	49	△	△	
特別新事業開拓事業者に対し特定事業活動として出資をした場合の特別勘定繰入額の損金算入額（別表十（六）「15」-「11」）	50			※
残余財産の確定の日の属する事業年度に係る事業税及び特別法人事業税の損金算入額	51	△	△	
所得金額又は欠損金額	52			外※

◆法人税申告書　別表十四（二）

<table>
<tr><td>寄附金の損金算入に関する明細書</td><td>事業年度 ・ ・ ～ ・ ・</td><td>法人名</td><td>別表十四(二) 令四・四・一以後終了事業年度分</td></tr>
</table>

公益法人等以外の法人の場合			公益法人等の場合		
一般寄附金の損金算入限度額の計算	支出した寄附金の額	指定寄附金等の金額 (41の計)	1	円	損金算入限度額の計算	支出した寄附金の額	長期給付事業への繰入利子額	25	円
		特定公益増進法人等に対する寄附金額 (42の計)	2			同上以外のみなし寄附金額	26
		その他の寄附金額	3			その他の寄附金額	27
		計 (1)+(2)+(3)	4			計 (25)+(26)+(27)	28
		完全支配関係がある法人に対する寄附金額	5			所得金額仮計 (別表四「26の①」)	29
		計 (4)+(5)	6			寄附金支出前所得金額 (28)+(29) (マイナスの場合は0)	30
		所得金額仮計 (別表四「26の①」)	7			同上の 20又は50/100 相当額 [50/100 相当額が年200万円に満たない場合 (当該法人が公益社団法人又は公益財団法人である場合を除く。) は、年200万円]	31
		寄附金支出前所得金額 (6)+(7) (マイナスの場合は0)	8			公益社団法人又は公益財団法人の公益法人特別限度額 (別表十四(二)付表「3」)	32
		同上の 2.5又は1.25/100 相当額	9			長期給付事業を行う共済組合等の損金算入限度額 ((29)と融資額の年5.5%相当額のうち少ない金額)	33
		期末の資本金等の額又は資本金の額及び資本準備金の額の合計額若しくは出資金の額	10			損金算入限度額 (31)、((31)と(32)のうち多い金額)又は((31)と(33)のうち多い金額)	34
		同上の月数換算額 (10)× 月/12	11			指定寄附金等の金額 (41の計)	35
		同上の 2.5/1,000 相当額	12			国外関連者に対する寄附金額及び完全支配関係がある法人に対する寄附金額	36
		一般寄附金の損金算入限度額 ((9)+(12))× 1/4	13		損金不算入額	(28)の寄附金額のうち同上の寄附金以外の寄附金額 (28)-(36)	37
特別損金算入限度額の計算	寄附金支出前所得金額の 6.25/100 相当額 (8)× 6.25/100	14			同上のうち損金の額に算入されない金額 (37)-(34)-(35)	38
	期末の資本金等の額又は資本金の額及び資本準備金の額の合計額若しくは出資金の額の月数換算額 (11)× 3.75/1,000	15			国外関連者に対する寄附金額及び完全支配関係がある法人に対する寄附金額 (36)	39
	特定公益増進法人等に対する寄附金の特別損金算入限度額 ((14)+(15))× 1/2	16			計 (38)+(39)	40
	特定公益増進法人等に対する寄附金の損金算入額 ((2)と(14)又は(16))のうち少ない金額	17				
損金不算入額	指定寄附金等の金額 (1)	18				
	国外関連者に対する寄附金額及び本店等に対する内部寄附金額	19				
	(4)の寄附金額のうち同上の寄附金以外の寄附金額 (4)-(19)	20				
	同上のうち損金の額に算入されない金額 (20)-((9)又は(13))-(17)-(18)	21				
	国外関連者に対する寄附金額及び本店等に対する内部寄附金額 (19)	22				
	完全支配関係がある法人に対する寄附金額 (5)	23				
	計 (21)+(22)+(23)	24				

指定寄附金等に関する明細					
寄附した日	寄附先	告示番号	寄附金の使途	寄附金額 41	円
		計			

特定公益増進法人若しくは認定特定非営利活動法人等に対する寄附金又は認定特定公益信託に対する支出金の明細					
寄附した日又は支出した日	寄附先又は受託者	所在地	寄附金の使途又は認定特定公益信託の名称	寄附金額又は支出金額 42	円
		計			

その他の寄附金のうち特定公益信託（認定特定公益信託を除く。）に対する支出金の明細				
支出した日	受託者	所在地	特定公益信託の名称	支出金額
				円

242

第 15 章

交際費の税務

　法人税法は、原則として交際費等の額を損金不算入としています。これは、法人がむやみに接待等による営業をしないようにさせ、冗費の節約を促し、内部留保を高め、法人の財務体質の強化を図るという趣旨があります。しかし、社会通念上相当の接待等は、法人の営業活動を円滑にするための経費として損金の額に算入してもよさそうにも思えます。そのため、交際費等の金額のうち、一定の金額については、損金算入の特例措置が設けられています。

1 交際費等の損金不算入

　以下の１．から３．の法人の区分に応じて、交際費等の損金不算入額の計算をします。

１．期末資本金額が100億円超の法人 (措法61の4①)

> **【交際費等の損金不算入額】**
> 支出交際費等総額（加算・社外流出）

※　資本金額とは、本章では、資本金の額または出資金の額をいいます。

２．期末資本金額が１億円超100億円以下の法人 (措法61の4①)

> **【交際費等の損金不算入額】**
> （１）支出交際費等の額
> （２）損金算入限度額
> 　　接待飲食費の額の50％相当額
> （３）交際費等の損金不算入額
> 　（１）－（２）＝　×××（加算・社外流出）

３．期末資本金額が１億円以下の法人 (措法61の4②)

> **【交際費等の損金不算入額】**
> （１）支出交際費等の額
> （２）損金算入限度額
> 　①　接待飲食費の額の50％相当額
> 　②　定額控除限度額800万円×その事業年度の月数/12月
> 　③　①と②のいずれか多い金額
> （３）交際費の損金不算入額
> 　（１）－（２）＝×××（加算・社外流出）

※　ただし、資本金額が5億円以上の法人等と完全支配関係のある法人は、上記
　1．の適用になります。

② 　交際費等の意義

1．交際費の意義 （措法61の4⑥）

（1）交際費等とは

　交際費等とは、交際費、接待費、機密費その他の費用で、法人が、その得意先、仕入先その他事業に関係のある者等に対する接待、供応、慰安、贈答その他これらに類する行為（「接待等」という）のために支出するもの（下記2．に掲げる費用に該当するものを除く）をいいます。

（2）接待飲食費とは

　接待飲食費とは、交際費等のうち飲食その他これに類する行為のために要する費用（専らその法人の役員もしくは従業員またはこれらの親族に対する接待等のために支出するものを除く）で帳簿書類に一定の記載がされているものをいいます（措規21の18の4）。

2．交際費等に該当しない費用 （措法61の4⑥、措令37の5）

① 　専ら従業員の慰安のために行われる運動会、演芸会、旅行等のために通常要する費用
② 　飲食その他これに類する行為のために要する費用（専ら当該法人の役員若しくは従業員またはこれらの親族に対する接待等のために支出するものを除く）であって、この金額を参加した者の人数で除して計算した金額が5,000円以下の費用
③ 　①②に掲げる費用のほか、次のアからウの費用
　ア　カレンダー、手帳、扇子、うちわ、手拭いその他これらに類す

る物品を贈与するために通常要する費用

イ　会議に関連して、茶菓、弁当その他これらに類する飲食物を供与するために通常要する費用

ウ　新聞、雑誌等の出版物または放送番組を編集するために行われる座談会その他記事の収集のために、または放送のための取材に通常要する費用

◉◉ 実務の着眼点（接待飲食費）

交際費等の損金不算入の計算をする場合には、接待飲食費とそれ以外の交際費等に区分する必要があります。接待飲食費の範囲は判断が難しいところですが、それについては、国税庁が公表している「接待飲食費に関するＦＡＱ」を確認してください。接待飲食費には、社内飲食費（専らその法人の役員、従業員またはこれらの親族に対する飲食費）は対象になりませんし、接待飲食費の50％相当額を損金算入するためには、領収書だけではなく接待した相手方の氏名その他一定の事項を記載した帳簿の保存も必要になりますので注意が必要です。

③　交際費等とそれ以外の費用の区分

１．交際費等以外の費用等になるもの （措通61の4（1）-1）

交際費等とは、交際費、接待費、機密費、その他の費用で法人がその得意先、仕入先その他事業に関係ある者等に対する接待、供応、慰安、贈答その他これらに類する行為のために支出するものをいいますが、主として、寄附金、値引きおよび割戻し、広告宣伝費、福利厚生費および給与等のような性質を有するものは交際費等には含まれないものとされます。

２．交際費等とそれ以外の経費その他の区分

交際費等とそれ以外の経費その他の区分については、措通61の４
（１）-２から61の４（１）-21において例示的に定められています。以
下は、措置法通達の概要を表にしたものです。

内　　容	交際費	寄附金	その他
（１）政治団体に対する拠出金（公職選挙法、政治資金規正法に適合）		○	
（２）神社の祭礼に際して納めた寄贈金		○	
（３）売上割戻しとして交付した費用			
①売上額の一部を金銭で交付			売上割戻し
②観劇・旅行に招待した費用	○		
③事業用資産の提供に要した費用			売上割戻し
④購入単価が3,000円以下の少額物品を配布した費用			売上割戻し
⑤売上割戻し額を一定期間積み立て、その後旅行に招待した費用	○		
（４）景品付販売をするための景品(3,000円以下の少額物品)を交付			広告宣伝費
（５）販売促進目的で事業者に対して販売奨励金として交付する金品または事業用資産			販売促進費
（６）情報提供等を業としていない者に対する情報提供料			情報提供料
（７）不特定多数の者（一般消費者等）に対する宣伝効果を意図する費用			広告宣伝費
（８）会社の創立30周年記念式典、新社屋落成式などに際し従業員に一律供与される通常の飲食費用			福利厚生費
（９）従業員等またはその親族等への慶弔費用で、基準に従うもの			福利厚生費
（10）従業員等に対して支給する以下のような費用			
①　常時支給される昼食等の費用は原則的に給与とされるが、本人が１/２以上負担して、負担後の金額が月額3,500円以下であれば福利厚生費となる。			給与または福利厚生費
②　自社製品等を原価以下で販売した場合の原価に達するまでの費用			給与
③　機密費等の名義で支給した費用で業務のための使用であることが明らかでないもの（渡切交際費など）			役員給与給与
（11）特約店の従業員全員を被保険者として支出した保険料			福利厚生費

内　　容	交際費	寄附金	その他
(12) 特約店の責任者を被保険者として支出した保険料	○		
(13) 専属セールスマンのために支出する以下のような費用			
①　取扱数量または取扱い金額に応じであらかじめ定められているところにより交付する金品の費用（源泉徴収義務あり）			販売促進費
②　慰安のための運動会、演芸会、旅行等のために通常要する費用			福利厚生費
③　その親族等の慶弔費で一定基準に従って交付する金品			福利厚生費
(14) 特約店等の従業員を対象として支出する報奨金品（源泉徴収義務あり）			販売促進費
(15) 会社の創立30周年記念式典、新社屋新築記念式典における宴会費、交通費及び記念品代等の費用（上記（8）に該当するものは除く）	○		
(16) 下請工場、特約店、代理店となるための運動費等の費用	○		
(17) 取引関係を結ぶために、相手方の事業者に対して交付する金銭または事業用資産に係る費用			販売促進費
(18) 得意先、仕入先その他の社外の者に対する慶弔費用	○		
(19) 得意先、仕入先その他事業に関係ある者等を旅行、観劇等に招待する費用	○		
(20) 総会対策等のために総会屋等に対して支出する金品	○		
(21) 建設業者等がマンション等の建設にあたり、周辺住民の同意を得るために、住民や関係者を旅行、観劇、酒食等に招待した費用	○		
(22) 周辺住民が受ける日照妨害等による損害を補償するために交付する金品			損害賠償金
(23) スーパーマーケット業等を営む法人が、既存の商店街等に進出するにあたり、周辺の商店等の同意を得るために支出する運動費等（営業補償等名目含む）の費用	○		
(24) 得意先、仕入先等の従業員等に対して支出する取引謝礼金等	○		
(25) 建設業者等が工事の入札等に際して支出する談合金	○		
(26) 得意先に対する見本品費			販売促進費
(27) 特約店等を旅行、観劇等に招待し、あわせて自社商品の説明や研究等の会議を開催した費用で、通常要すると認められる金額			広告宣伝費

内　　容	交際費	寄附金	その他
(28) 慰安旅行を兼ねた合宿研修に要した費用（研修は名目）	○		
(29) 現地案内等に要する費用で通常要するもの			販売促進費
(30) 下請企業の従業員等に対し、自社の従業員等に準じて支給する見舞金、表彰金等			福利厚生費
(31) 記念式典に参加した得意先・仕入先への記念品代	○		
(32) 法人会員名のゴルフ会員権（役員・従業員が接待に利用）			資産の取得費計上
(33) 法人会員名のゴルフ会員権（接待用で、資産計上済み）の年会費およびロッカー代（特定の役員、社員のみが利用であれば給与となる。）	○		
(34) ロータリークラブ、ライオンズクラブの入会金・経常経費負担金	○		
(35) 会議に関連して通常要する飲食費用（一人5,000円以上を含む。）			会議費
(36) 災害を受けた得意先に対して免除した売掛債権			災害支援費
(37) 災害を受けた取引先に対して行った災害見舞金			災害支援費
(38) 自社製品等の被災者に対する提供			災害支援費
(39) 協同組合等が一定基準に従い組合員等に支出する災害見舞金等			災害支援費

4　交際費等の留意点

1．発生主義による交際費等の認識 (措通61の4（1）−24)

　交際費等の支出の事実のあったときとは、接待、供応、慰安、贈答その他これらに類する行為のあったときをいいますから、これらに要した費用につき仮払いまたは未払い等の経理をしているといないとを問わないものとします。

2．交際費等の支出の相手方の範囲 (措通61の4（1）−22)

　得意先、仕入先その他事業に関係のある者等には、直接その法人の営む事業に取引関係のある者だけでなく、間接にその法人の利害に関

係ある者およびその法人の役員、従業員、株主等も含みます。

3．交際費等の支出の方法 <small>（措通61の4（1）－23）</small>

　法人の支出する交際費等は、その法人が直接支出した交際費等であるか間接支出した交際費等であるかを問いませんので次のように扱います。

① 　2以上の法人が共同して接待、供応、慰安、贈答その他これらに類する行為をして、その費用を分担した場合においても交際費等の支出があったものとします。

② 　同業者の団体等が接待、供応、慰安、贈答その他これらに類する行為をしてその費用を法人が負担した場合においても、交際費等の支出があったものとします。

③ 　法人が団体等に対する会費その他の経費を負担した場合においても、その団体が専ら団体相互間の懇親のための会合を催す等のために組織されたと認められるものであるときは、その会費等の負担は交際費等の支出があったものとします。

👀 実務の着眼点（寄附金と交際費等）

寄附金は現金主義により認識しますので、仮払寄附金は支出した事業年度の寄附金とし、翌期首に支払う未払寄附金は翌期の寄附金として限度額計算をします。しかし、交際費等は、逆に発生主義により認識しますので、未払計上の有無にかかわらず、接待等をした事業年度の交際費として損金不算入額の計算をします。また、寄附金の限度額計算の資本基準額は、資本金額および資本積立金額を基礎として計算しますが、交際費等の損金不算入額の計算をする場合の法人の区分では、期末資本金の額だけで判定しますので注意が必要です。

⑤　交際費等の経理処理

1．発生済みの交際費等を仮払金経理している場合の申告調整

（1）当期の処理

① **会社仕訳**　（仮払金）×××／（現預金）×××

② **税務調整（支出交際費等の額に含める）**

　ア　税務仕訳　　　（交際費）×××／（仮払金）×××

　イ　別表四　　　　仮払交際費認定損 ×××（減算・留保）

　ウ　別表五（一）　仮払金　　×××（マイナス）

（2）翌期の処理

① **会社仕訳**　（交際費）×××／（仮払金）×××

② **税務調整（支出交際費等の額に含めない）**

　ア　税務仕訳　　　（仮払金）×××／（交際費）×××

　イ　別表四　　　　前期仮払交際費否認　×××（加算・留保）

　ウ　別表五（一）　仮払金　　　×××（プラス）

2．未発生の交際費等を費用経理している場合の申告調整

（1）当期の処理

① **会社仕訳**　（交際費）×××／（現預金）×××

② **税務調整（支出交際費等の額に含めない）**

　ア　税務仕訳　　　（前払費用）×××／（交際費）×××

　イ　別表四　　　　前払交際費否認　×××（加算・留保）

　ウ　別表五（一）　前払費用　　×××（プラス）

（2）翌期の処理

① **会社仕訳　仕訳なし**
② **税務調整（支出交際費等の額に含める）**
　ア　税務仕訳　　　（交際費）×××／（前払費用）×××
　イ　別表四　　　　前期前払交際費認定損×××（減算・留保）
　ウ　別表五（一）　前払費用　　×××（マイナス）

３．発生済みの交際費を未払計上していない場合

（1）当期の処理

① **会社仕訳　仕訳なし**
② **税務調整（支出交際費等の額に含める）**
　ア　税務仕訳　　　（交際費）×××／（未払費用）×××
　イ　別表四　　　　未払交際費認定損　×××（減算・留保）
　ウ　別表五（一）　未払費用　　×××（マイナス）

（2）翌期の処理

① **会社仕訳　（交際費）×××／（現預金）×××**
② **税務調整（支出交際費等の額に含めない）**
　ア　税務仕訳　　　（未払費用）×××／（交際費）×××
　イ　別表四　　　　前期未払交際費否認×××（加算・留保）
　ウ　別表五（一）　前払費用　　×××（プラス）

⑥　原価算入交際費の取扱い

１．原価算入交際費等の取扱い （措通61の4（1）-24）

　取得価額に含まれている交際費等で適用年度の損金の額に算入されていないものであっても、支出の事実があった事業年度の交際費等に

算入するものとします。

2．原価算入交際費等の特例 (措通61の4（2）-7)

　支出交際費の額のうち棚卸資産もしくは固定資産の取得価額または繰延資産の金額（棚卸資産等の取得価額等）に計上したため、直接損金の額に算入されていない原価算入額がある場合は、その事業年度の確定申告書において原価算入額のうち損金不算入額からなる部分の金額を限度として、その適用年度終了の時における棚卸資産の取得価額等を減額することができます。この原価算入額のうち損金不算入額からなる部分の金額は、交際費の損金不算入額に、その適用年度の支出交際費等額のうちに原価算入額の占める割合を乗じた金額です。

　この取扱いの適用を受けた場合、その減額した金額は、翌事業年度の所得金額の計算上加算します。

3．原価算入交際費等の計算方法

（1）原価算入交際費

【原価算入交際費等の額】

（1）交際費等の損金不算入額

① 支出交際費等の額

　交際費等の額＋原価算入額

② 損金算入限度額

　接待飲食費×50%＝ ×××

③ 交際費の損金不算入額

　①－②＝×××（加算・社外流出）

（2）原価算入交際費等の額

　（1）③× 原価算入費／（1）①＝×××（減算・留保）

　別表四　：原価算入交際費等の額　×××（減算・留保）

　別表五（一）：棚卸資産、固定資産等 ×××（マイナス）

（2）棚卸資産の取得価額等を減額した翌事業年度の処理

【原価算入交際費等の戻入額】

別表四　：　原価算入交際費加算　×××（加算・留保）

別表五（一）：　棚卸資産、固定資産等 ×××（プラス）

⑦　使途秘匿金の課税の特例 （措法62）

1．使途秘匿金の課税の特例

　法人（公共法人を除く。以下同じ）は、その使途秘匿金の支出について法人税を納める義務があるものとし、法人が使途秘匿金の支出をした場合には、その法人に対して課する各事業年度の所得に対する法人税の額は、その他の法人税に関する法令の規定にかかわらず、これらの規定により計算した法人税の額に、その使途秘匿金の支出の額に100分の40の割合を乗じて計算した金額を加算した金額とします（別表一⑨法人税額計の外書きに記載する）。

【使途秘匿金がある場合の法人税額】

　通常の法人税額 ＋ 使途秘匿金×40%

2．使途秘匿金の意義 （措法62②）

　使途秘匿金の支出とは、法人がした金銭の支出（贈与、供与その他これらに類する目的のためにする金銭以外の資産の引渡しを含む。以下同じ）のうち、相当の理由がなく、その相手方の氏名または名称および住所または所在地ならびにその事由（以下、「相手方の氏名等」という）を法人の帳簿書類に記載していないもの（資産の譲受けその他の取引の対価の支払としてされたもの（支出に係る金銭または金銭以外の資産が取引の対価として相当であると認められるものに限る）

であることが明らかなものを除く）をいいます。

3．宥恕規定 <small>（措法62③）</small>

　税務署長は、法人がした金銭の支出のうち、その相手方の氏名等を法人の帳簿書類に記載していないものがある場合においても、その記載をしていないことが相手方の氏名等を秘匿するためでないと認めるときは、その金銭の支出を上記1．の使途秘匿金の支出に含めないことができます。

◆法人税申告書　別表十五

<table>
<tr><td colspan="2">交際費等の損金算入に関する明細書</td><td colspan="2">事 業
年 度</td><td>令和4・4・1
令和5・3・31</td><td>法人名</td><td></td><td rowspan="4">別表十五　令四・四・一以後終了事業年度分</td></tr>
<tr><td>支 出 交 際 費 等 の 額
（ 8 の 計 ）</td><td>1</td><td colspan="2" align="right">6,480,000 円</td><td colspan="2">損 金 算 入 限 度 額
(2)又は(3)</td><td align="right">6,480,000 円</td></tr>
<tr><td>支出接待飲食費損金算入基準額
（ 9 の計 ）× 50/100</td><td>2</td><td colspan="2" align="right">2,160,000</td><td colspan="2" rowspan="2">損 金 不 算 入 額
(1)－(4)</td><td rowspan="2"></td></tr>
<tr><td>中小法人等の定額控除限度額
((1)と((800万円× 1/12)又は(別表十
五付表「5」))のうち少ない金額)</td><td>3</td><td colspan="2" align="right">6,480,000</td></tr>
</table>

支 出 交 際 費 等 の 額 の 明 細

科　　　　　　　目	支　出　額	交際費等の額から 控除される費用の額	差引交際費等の額	(8)のうち接待 飲食費の額
	6	7	8	9
交　　際　　費	6,480,000 円	円	6,480,000 円	6,480,000 円
計	6,480,000		6,480,000	6,480,000

第 16 章

税額控除と税額計算

法人が受ける利子配当等には、一定の所得税が課税され源泉徴収されます。所得税は損金算入の租税公課であるため、利子配当等の収入金額から所得税額を控除した金額に対して法人税が課税されます。そのため、法人税法は、この所得税と法人税の二重課税を排除するために、利子配当等に課される源泉所得税額を法人の所得の金額に算入させることを条件に、その所得税額のうち一定額を法人税額から控除することを認めています。

また、法人税額および地方法人税額は、法人税の別表一で計算されます。別表一を確認しながら、税額計算の方法を解説していきます。

1 利子配当等の源泉徴収の概要

1．源泉徴収制度

　源泉徴収制度は、所得税法の規定により、給与、利子、配当、報酬などの特定の所得の支払者が、その所得の支払いの際に、支払いを受ける者からその支払金額に所得税法で規定する一定の割合を乗じた所得税および復興特別所得税（源泉所得税等）を徴収して、原則として、翌月10日までに国に納付する制度です。この制度は、歳入の確保、徴収事務の便宜性などを考慮して設けられています。

2．利子配当等の源泉所得税額の税率表

元本種類	区　　　分			源泉税率（%）		
	利子配当等の区分	期間按分	細目	所得税	復興税	税率計
株式出資	剰余金の配当　利益の配当　剰余金の分配　金銭の分配（みなし配当を除く）	必要	上　場	15	0.315	15.315
			非上場	20	0.420	20.420
	みなし配当	不要	上　場	15	0.315	15.315
			非上場	20	0.420	20.420
投資信託受益証券	一定の集団投資信託の収益分配金　国外投資信託および国外株式の配当等　一定の割引債の償還差益	必要	－	15	0.315	15.315
	公社債投資信託および公募公社債等運用投資信託の収益分配金等	不要	－			
その他	公社債の利子　預貯金の利子等	不要	－	15	0.315	15.315

※　平成25年1月1日から令和19年12月31日までの間は、所得税額の2.1%に相当する復興特別所得税が課税され、所得税額と同様に税額控除の対象となります。

3．利子配当等の源泉所得税等の具体例

（単位：円）

元本の種類	収入金額	源泉所得税	復興特別所得税	手取額
上場株式（みなし配当含む）	100,000	15,000	315 ※1	84,685
非上場株式（みなし配当含む）	100,000	20,000	420 ※2	79,580
投資信託収益分配金	100,000	15,000	315 ※1	84,685
公社債の利子、預貯金の利子	100,000	15,000	315 ※1	84,685

※1　復興特別所得税　100,000円×（15%×2.1%=0.315%）= 315円
※2　復興特別所得税　100,000円×（20%×2.1%=0.420%）= 420円

② 所得税額控除と税務調整

1．所得税額控除

（1）所得税額控除 （法法68①）

① 所得税額控除

内国法人が各事業年度において、利子および配当等の支払を受ける場合には、これらにつき課される所得税の額のうち一定の金額は、その事業年度の所得に対する法人税の額から控除します。

② 利子および配当等

利子および配当等とは、所法174に規定する利子等、配当等、給付補填金、利息、利益、差益、利益の分配または賞金をいいます。

（2）所得税額の還付 （法法78①）

仮決算をした場合の中間申告書または確定申告書の提出があった場合において、これらの申告書にその事業年度の法人税から控除しきれなかった所得税額控除額の金額の記載があるときは、税務署長は、これらの申告書を提出した内国法人に対し、その金額に相当する税額を還付します。

※　源泉所得税は、法人税法上、損金に算入できる租税公課のため、利子および
　配当等に課される源泉所得税を損金に算入して法人税額の計算をしてもかまい
　ません。ただし、法人が選択して、所得税額控除の規定の適用を受けると納付
　すべき法人税額は少なくなります。

２．法人税額から控除する所得税額の損金不算入

（１）所得税額控除額の損金不算入（法法40①）

　内国法人が、法法68①の所得税の額につき、所得税額控除（法法68
①）または所得税額の還付（法法78①）もしくは更正等による所得税額
等の還付（法法133①）の規定の適用を受ける場合には、これらの規定
による控除または還付をされる金額に相当する金額は、その内国法人
の各事業年度の所得の金額の計算上、損金の額に算入しません。

（２）税務調整

　「法人税額から控除される所得税額」として、別表四で加算・社外
流出の申告調整をします。

３　税額控除される所得税額

　所得税額の控除の規定により法人税の額から控除する所得税の額は、
以下の区分により、以下の金額とする（法令140の２）。

１．全額控除されるもの（期間按分不要）

① 　預貯金の利子　公社債の利子等
② 　みなし配当
③ 　下記２．以外の利子および配当等

２．元本の所有期間に対応する所得税額のみが控除されるもの（期間按分必要）

① 法人から受ける剰余金の配当（特定公社債等運用投資信託の受益権、社債的受益権または資本剰余金の減少に伴うものならびに分割型分割および株式分配を除く）、利益の配当（分割型分割によるものおよび株式分配を除く）、剰余金の分配（みなし配当を除く）または資産の流動化に関する法律第115条第１項（中間配当）に規定する金銭の分配（法令140の２①）

② 集団投資信託（合同運用信託、公社債投資信託および特定社債等運用投資信託以外の公社債等運用投資信託を除く）の収益の分配（法令140の２①）

③ 一定の国外投資信託の配当等（措法８の３⑤）

④ 国外株式等の配当等（措法９の２④）

⑤ 一定の割引債の償還差益（措法41の12④）

※ 集団投資信託とは、合同運用信託、国内公募投資信託、外国投資信託および特定受益証券発行信託などをいいます（法法２二九）。

※ 合同運用信託とは、信託会社が引き受けた金銭信託で、共同しない多数の委託者の信託財産を合同して運用するもののうち一定のものをいいます（法法２二六）。

３．元本の所有期間に対応する所得税額のみが控除されるものの計算（法令140の２）

控除する所得税額等の計算方法には、下記のとおり、個別法および簡便法の２つの方法があります。法人は、いずれかを選択して適用を受けることができます。

（１）個別法の計算（法令140の２②）

配当等の元本を、元本の銘柄等ごと、その所有期間の月数ごとに区分し、下記により計算します。

$$\text{利子配当等に課} \atop \text{される所得税額} \times \frac{\text{分母のうち} \atop \text{同一期間所有元本数}}{\text{計算期間末日の元本数}} \times \frac{\text{分母のうち} \atop \text{元本所有月数}}{\text{計算期間の月数}}$$

※ 月数は暦に従って計算し、1月に満たない端数は1月とします。

※ 中間配当の計算期間は初日から中間配当基準日まで、確定配当はその翌日から末日までとなます。ただし、中間配当の定めのある法人が中間配当をしなかった場合には、前期末の配当基準日の翌日から当期末の配当基準日までが計算期間となります。

※ 元本所有月数の按分割合は、小数点3位未満切上とします。

（2）簡便法の計算 （法令140の2③）

配当等の元本を、株式および出資と集団投資信託の受益権とに区分し、更にその元本を計算期間が1年を超えるものと1年以下のものとに区分して、銘柄ごとに下記により計算します。

① 計算期間が1年以内のもの

$$\text{利子配当等に課される所得税額} \times \frac{A + (B - A) \times 1/2}{B}$$

A：利子配当等の計算期間の初日に所有していた元本数

B：利子配当等の計算期間の末日に所有していた元本数

※ B（末日の所有元本数）が、A（初日の所有元本数）以下の場合の控除割合は（1.00）となります。

※ B（末日の所有元本数）が、すべて期中取得の場合には、控除割合は1/2（0.500）となります。

※ 簡便法の按分割合は、小数点3位未満切上とします。

② 計算期間が1年超のもの

$$\text{利子配当等に課される所得税額} \times \frac{A + (B - A) \times 1/12}{B}$$

④　所得税額控除の計算方法

【所得税額控除額の計算方法】

（１）預貯金および公社債の利子等（期間按分不要）

　源泉所得税額の全額

（２）株式出資の配当等

　①　個別法

　　株式出資の元本を、銘柄等ごと所有期間の月数ごとに個別法で計算した合計額

　②　簡便法

　　株式出資の元本を、銘柄等ごとに簡便法で計算した合計額

　③　①または②のいずれか大きい金額

（３）集団投資信託の収益の分配

　①　個別法

　　集団投資信託の元本を、銘柄等ごと所有期間の月数ごとに個別法で計算した合計額

　②　簡便法

　　集団投資信託の元本を、銘柄等ごとに簡便法で計算した合計額

　③　①または②のいずれか大きい金額

（４）所得税額控除額

　①　別表四の申告調整

　　所得税額控除額（１）＋（２）＋（３）＝×××（加算・社外流出）

　②　別表一の税額控除

　　ア　別表一「控除税額」に記載して、法人税額から控除します。

　　イ　法人税額が控除税額より少ないため控除しきれなかった所得税額は、別表一「所得税の額」に記載して還付を受けます。

5 所得税額控除の設例

1. 所得税額控除の設例

当社が当期（X4.4.1～ X5.3.31）に支払を受けた利子および配当等は以下のとおりである。

① A 預金利子　100,000円（源泉所得税等15,315円を含む）
② B 公社債利子　200,000円（源泉所得税30,630円を含む）
③ C 上場株式の配当　1,000,000円（源泉所得税153,150円を含む）
　　C 株式は、X3.2.15に12,000株を取得した。その後 X3.9.15に4,000株譲渡し、さらに、X3.12.2に2,000株を取得した。なお、C 社の配当計算期間は、X3.5.1から X3.4.30である。
④ D 非上場株式の配当　500,000円（源泉所得税102,100円を含む）
　　D 株式は、X3.3.15に50,000株を取得し、その後所有株数に異動はない。
　　なお、D 社の配当計算期間は、X3.1.1から X3.12.31である。
⑤ E 非上場株式のみなし配当1,500,000円（源泉所得税306,300円を含む）
⑥ F 集団投資信託の収益の分配　2,000,000円（源泉所得税306,300円を含む）
　　F 投資信託は、X3.5.1に5,000口を取得した。さらに X4.8.15に1,000口を取得した。
　　なお、F 投資信託の計算期間は X3.10.1から X4.9.30である。

2. 所得税額控除の計算

（1）期間按分の必要ないもの

① A 預金利子　　　15,315円
② B 公社債利子　　30,630円
③ E みなし配当　　306,300円

④　合　計　　　　　352,245円

（2）期間按分の必要なもの

①　株式出資グループ

ア　個別法

　㋐　C株式配当

　　153,150円×8,000株/10,000株×12月/12月（1.000）+153,150円×
　　2,000株/10,000株×5月/12月（0.417）=135,292円

　㋑　D株式配当

　　102,100円×50,000株/50,000株×10月/12月（0.834）=85,151円

　㋒　㋐+㋑=220,443円

イ　簡便法

　㋐　C株式配当

　　153,150円×10,000株※/10,000株（1.000）=153,150円

　　※　初日11,000株 > 末日10,000株

　㋑　D株式配当

$$102,100円 × \frac{0+（50,000株-0）×1/2}{50,000株}（0.500）=51,050円$$

　㋒　㋐+㋑=204,200円

ウ　ア＞イ　∴220,443円

②　集団的投資信託グループ

ア　個別法

　F投資信託の収益の分配

　306,300円×5,000口/6,000口×12月/12月（1.000）+306,300円×1,000
　口/6,000口×2月/12月（0.167）=263,775円

イ　簡便法

$$306,300円 \times \frac{5,000口 + (6,000口 - 5,000口) \times 1/2}{6,000口} (0.917) = 280,877円$$

ウ　ア＜イ　∴280,877円

③　① + ② =501,320円

（3）控除所得税額控除額

（1）＋（2）＝853,565円

①　法人税額から控除される所得税額　853,565円（加算・社外流出）

②　法人税別表一（一）「控除税額」に853,565円

👀 実務の着眼点（所得税額控除）

個別法は、株式出資の元本を銘柄ごと、所有期間の月数ごとに按分計算した所得税額が控除対象となります。実務では、この手間のかかる個別法ではなく簡便法により計算することが多いです。配当支払法人は、配当等の計算期間、末日の保有株式数、配当等の額および源泉所得税等を記載した支払明細書を株主に送付します。この明細書の今回分と前回分の株式数を使えば、簡便法割合は簡単に計算できます。前回数より今回数分が少なければ1.00の割合、前回数がなく今回数のみであれば0.50の割合、前回数よりも今回数が多ければ、前回数と増加数の1/2の合計が今回数に占める割合を小数点3位未満切り上げした割合となります。

⑥　法人税および地方法人税の税額計算

1．法人税の税額計算と法人税率 (法法66)

　内国法人である普通法人に対して課する各事業年度の所得に対する法人税の額は、各事業年度の所得の金額に23.2％を乗じて計算した金額とする。

　内国法人である普通法人の各事業年度の所得に対する法人税の税額は、以下のとおりです。

（1）内国法人である普通法人に対する各事業年度の所得に対する法人税の額

　所得金額（千円未満切捨）×法人税率

（2）法人税率 (平成30年4月1日以後開始する事業年度)

① 　②以外の法人（大法人）　一律23.2％
② 　下記（3）の法人
　　ア　年800万円以下の所得金額 15.0％（措法42の3の2）
　　イ　年800万円超の所得金額　23.2％

（3）一定の中小法人 (法法66②⑤)

① 　普通法人のうち、各事業年度終了の時の資本金の額または出資金の額が1億円以下等で以下の②に該当しないもの
② 　各事業年度終了時に、次の法人に該当するもの
　　ア　保険業法に規定する相互会社
　　イ　大法人※との間にその大法人による完全支配関係がある普通法人

　　※　大法人とは、資本金の額または出資金の額が5億円以上である法人、相互会社および受託法人をいいます（法法4の3）。

　　ウ　普通法人との間に完全支配関係があるすべての大法人が有する株式および出資の全部を、すべての大法人のうちいずれか一の法

人が有するものとみなした場合において、そのいずれか一の法人
とその普通法人との間に、そのいずれか一の法人による完全支配
関係があることとなるときのその普通法人（イに掲げる法人を除
く）

エ　投資法人

オ　特定目的会社

カ　受託法人

2．法人税法別表一による法人税額の計算(別表一-①から⑮)

　以下に、別表一における法人税額の計算について解説します。なお、
下記解説において、①などの丸数字はP.271の別表一、P.272の別表一
次葉に付されている番号を示しています。下記3．も同様です。

（1）①所得金額または欠損金額には、別表四の所得金額を記載しま
　　　す。

（2）②法人税額には、別表一次葉の㊾から㊼までの合計額を記載し
　　　ます。

（3）③法人税額の特別控除額には、別表六（一）（所得税額の控除に
　　　関する明細書）の合計額を記載します。別表六（一）には、法人が
　　　その事業年度に適用を受ける租税特別措置法の税額控除が記載され
　　　ています。

（4）⑤課税土地譲渡利益金額および⑥同上に対する税額には、別表
　　　三（二）（土地の譲渡等に係る譲渡利益金額に対する税額の計算に
　　　関する明細書）の金額を記載します。ただし、土地の譲渡等がある
　　　場合の特別税率（措法62の3）の規定は、平成10年1月1日から令和
　　　5年3月31日までの間にした土地の譲渡等には適用がありません。

（5）⑦課税留保金額および⑧同上に対する税額には、別表三（一）
　　　（特定同族会社の留保金額に対する税額の計算に関する明細書）の
　　　金額を記載します。ただし、特定同族会社の留保金課税（法法67）
　　　の規定は、資本金1億円以下の一定の中小法人には適用がありませ
　　　ん。

（6）⑨法人税額計には、②－③＋④＋⑥＋⑧の金額を記載します。
（7）⑨外書には、使途秘匿金支出額の40％相当の金額を記載します。
（8）⑩および⑪については、説明を省略します。
（9）⑫控除税額には、⑨－⑩－⑪の金額と⑱（⑯所得税額控除額と⑰外国税額控除額の合計額）のうちいずれか少ない金額を記載します。
(10) ⑬差引所得に対する法人税額には、⑨－⑩－⑪－⑫の金額（百円未満切捨）を記載します。
(11) ⑭中間申告分の法人税額には、その事業年度の中間法人税額を記載します。
(12) ⑮差引確定法人税額には、⑬から⑭を控除した金額を記載します。ただし、この金額がマイナスの場合には、㉒この申告による還付金額の中間納付額に記載します。

3．地方法人税の計算と地方法人税率（別表㉙から㊹）

（1）㉙課税標準法人税額の計算、基準法人税額、所得の金額に対する法人税額には、②－③＋④＋⑥＋⑨の金額を記載します。
（2）㉚課税留保金額に対する法人税額には、⑧課税留保税額を記載します。
（3）㉛課税標準法人税額には、㉙および㉚の合計額（千円未満切捨）を記載します。
（4）㉜地方法人税額には、別表一次葉(57)の金額を記載します。
（5）㉞課税留保金額に係る地方法人税額には、(58)の金額を記載します。
（6）㉟所得地方法人税額には㉜から㉞までの合計額を記載します。
（7）㊱～㊳については、説明を省略します。
（8）㊴差引地方法人税額には、㉟－㊱－㊲－㊳を控除した金額（百円未満切捨）を記載します。
（9）㊵中間申告分の地方法人税額には、この事業年度の中間地方税額を記載します。

（10）㊶差引確定地方法人税額には、㊴から㊵を控除した金額を記載します。ただし、この金額がマイナスの場合には、㊸この申告による還付金額の中間納付額に記載します

4．法人税額および地方法人税額の計算例

　法法66②の適用のある1年決算法人である期末資本金の額が1億円の普通法人の税額計算例は、以下のとおりです。課税所得金額は、10,000,000円とし、受取利息100,000円に課税される源泉所得税額15,315円につき、法人税額から控除される所得税額の加算・社外流出の申告調整がされ、同額が所得税額控除の適用を受けたものとして、計算しています。

◆法人税申告書　別表一

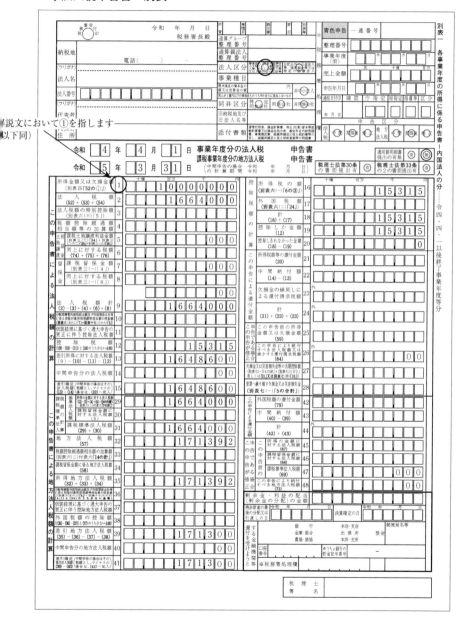

◆法人税申告書　別表一次葉

事　業 年度等	令和4・4・1 令和5・3・31	法人名	

別表一次葉　令四・四・一以後終了事業年度等分

法　人　税　額　の　計　算

(1) のうち中小法人等の年800万円相当額以下の金額 ((1)と800万円×1/12のうち少ない金額)又は(別表一付表「5」)	49	8,000,000	(49) の15％又は19％相当額	52	1,200,000
(1) のうち特例税率の適用がある協同組合等の年10億円相当額を超える金額 (1)－10億円×1/12	50	000	(50) の 22 ％ 相 当 額	53	
そ の 他 の 所 得 金 額 (1)－(49)－(50)	51	2,000,000	(51) の19％又は23.2％相当額	54	464,000

地　方　法　人　税　額　の　計　算

所得の金額に対する法人税額 (29)	55	1,664,000	(55) の 10.3 ％ 相 当 額	57	171,392
課税留保金額に対する法人税額 (30)	56	000	(56) の 10.3 ％ 相 当 額	58	

こ　の　申　告　が　修　正　申　告　で　あ　る　場　合　の　計　算

こ の 申 告 前 の 法 人 税 額 の 計 算	所 得 金 額 又 は 欠 損 金 額	59		地 方 法 人 税 額 の 計 算	所得の金額に対する 法 人 税 額	67	
	課 税 土 地 譲 渡 利 益 金 額	60			課税留保金額に対する 法 人 税 額	68	
	課 税 留 保 金 額	61			課税標準法人税額 (67)＋(68)	69	000
	法 人 税 額	62			確定地方法人税額	70	
	還 付 金 額	63	外		還 付 金 額	71	
	この申告により納付すべき法人税額又は減少する還付請求税額 ((15)-(62))若しくは((15)+(63))又は((63)-(24))	64	外 00		欠損金の繰戻しによる 還 付 金 額	72	
こ の 申 告 前 の	欠 損 金 又 は 災 害 損 失 金 等 の 当 期 控 除 額	65			この申告により納付 すべき地方法人税額 ((41)-(70))若しくは((41)+(71) +(72))又は((71)-(44))+((72) -(44の外書)))	73	00
	翌 期 へ 繰 り 越 す 欠 損 金 又 は 災 害 損 失 金	66					

土　地　譲　渡　税　額　の　内　訳

土 地 譲 渡 税 額 (別表三 (二)「27」)	74	0	土 地 譲 渡 税 額 (別表三 (三)「23」)	76	00		
同 (別表三 (二の二)「28」)	75	0					

地　方　法　人　税　額　に　係　る　外　国　税　額　の　控　除　額　の　計　算

外 国 税 額 (別表六 (二)「57」)	77		控除しきれなかった金額 (77)－(78)	79	
控 除 し た 金 額 (38)	78				

◆法人税申告書　別表四

所得の金額の計算に関する明細書

事業年度	令和4・4・1 令和5・3・31	法人名	

別表四

令四・四・一以後終了事業年度分

御注意　「52」の①欄の金額は、②欄の金額に③欄の本書の金額を加算し、これから※の金額を加減算した額と符合することになります。

区　分		総　額 ①	留　保 ②	社外流出 ③	
当　期　利　益　又　は　当　期　欠　損　の　額	1	9,984,685 円	9,984,685 円	配　当	円
				その他	
加 損金経理をした法人税及び地方法人税（附帯税を除く。）	2				
損金経理をした道府県民税及び市町村民税	3				
損　金　経　理　を　し　た　納　税　充　当　金	4				
損金経理をした附帯税（利子税を除く。）、加算金、延滞金（延納分を除く。）及び過怠税	5			その他	
減　価　償　却　の　償　却　超　過　額	6				
役　員　給　与　の　損　金　不　算　入　額	7			その他	
交　際　費　等　の　損　金　不　算　入　額	8			その他	
算 通算法人に係る加算額（別表四付表「5」）	9			外※	
	10				
小　　計	11			外※	
減 減価償却超過額の当期認容額	12				
納税充当金から支出した事業税等の金額	13				
受取配当等の益金不算入額（別表八(一)「13」又は「26」）	14			※	
外国子会社から受ける剰余金の配当等の益金不算入額（別表八(二)「26」）	15			※	
受　贈　益　の　益　金　不　算　入　額	16			※	
適　格　現　物　分　配　に　係　る　益　金　不　算　入　額	17			※	
法人税等の中間納付額及び過誤納に係る還付金額	18				
所得税額等及び欠損金の繰戻しによる還付金額等	19			※	
算 通算法人に係る減算額（別表四付表「10」）	20			※	
	21				
小　　計	22			外※	
仮　計　(1)＋(11)－(22)	23	9,984,685	9,984,685	外※	
対象純支払利子等の損金不算入額（別表十七(二の二)「29」又は「34」）	24			その他	
超過利子額の損金算入額（別表十七(二の三)「10」）	25	△		※	△
仮　計　(23)から(25)までの計	26	9,984,685	9,984,685	外※	
寄　附　金　の　損　金　不　算　入　額（別表十四(二)「24」又は「40」）	27			その他	
沖縄の認定法人又は国家戦略特別区域における指定法人の所得の特別控除額又は熱帯地域における認定法人の所得の特別控除額（別表十(一)「15」若しくは別表十(二)「10」又は別表十(三)「16」）	28			※	
法人税額から控除される所得税額（別表六(一)「6の③」）	29	15,315		その他	15,315
税額控除の対象となる外国法人税の額（別表六(二の二)「7」）	30			その他	
分配時調整外国税相当額及び外国関係会社等に係る控除対象所得税額等相当額（別表六(五の二)「5の②」＋別表十七(三の六)「1」）	31			その他	
組合等損失額の損金不算入額又は組合等損失超過合計額の損金算入額（別表九(二)「10」）	32				
対外船舶運航事業者の日本船舶による収入金額に係る所得の金額の損金算入額又は益金算入額（別表十(四)「20」、「21」又は「23」）	33			※	
合　　計　(26)＋(27)±(28)＋(29)＋(30)＋(31)＋(32)±(33)	34	10,000,000	9,984,685	外※	15,315
契約者配当の益金算入額（別表九(一)「13」）	35				
特定目的会社等の支払配当又は特定目的信託に係る受託法人の利益の分配等の損金算入額（別表十八「13」、別表十九「11」又は別表十(十)「16」若しくは「33」）	36	△	△	※	
中間申告における繰戻しによる還付に係る災害損失欠損金額の益金算入額	37			※	
非適格合併又は残余財産の全部分配等による移転資産等の譲渡利益額又は譲渡損失額	38			※	
差　引　計　(34)から(38)までの計	39	10,000,000	9,984,685	外※	15,315
更生欠損金又は民事再生等評価換えが行われる場合の再生等欠損金の損金算入額（別表七(三)「9」又は「21」）	40	△		※	△
通算対象欠損金額の損金算入額又は通算対象所得金額の益金算入額（別表七の三「5」又は「11」）	41			※	
当初配賦欠損金控除額の益金算入額（別表七(二)付表一「23の計」）	42			※	
差　引　計　(39)＋(40)±(41)＋(42)	43	10,000,000	9,984,685	外※	15,315
欠損金又は災害損失金等の当期控除額（別表七(一)「4の計」＋別表七(四)「10」）	44	△		※	△
総　計　(43)＋(44)	45	10,000,000	9,984,685	外※	15,315
新鉱床探鉱費又は海外新鉱床探鉱費の特別控除額（別表十(三)「43」）	46	△		※	△
農業経営基盤強化準備金積立額の損金算入額（別表十二(十四)「10」）	47	△	△		
農用地等を取得した場合の圧縮額の損金算入額（別表十二(十四)「43の計」）	48	△	△		
関西国際空港用地整備準備金積立額、中部国際空港整備準備金積立額又は再投資等準備金積立額の損金算入額（別表十二(十一)「15」、別表十二(十二)「10」又は別表十二(十五)「12」）	49	△	△		
特別新事業開拓事業者に対し特定事業活動として出資をした場合の特別勘定繰入額の損金算入額又は特別勘定取崩額の益金算入額（別表十(六)「15」－「11」）	50			※	
残余財産の確定の日の属する事業年度に係る事業税及び特別法人事業税の損金算入額	51	△	△		
所　得　金　額　又　は　欠　損　金　額	52	10,000,000	9,984,685	外※	15,315

◆法人税申告書　別表六

所得税額の控除に関する明細書

事業年度	令和4・4・1 令和5・3・31	法人名	

区　　分		収　入　金　額 ①	①について課される 所得税額 ②	②のうち控除を受ける 所得税額 ③
公社債及び預貯金の利子、合同運用信託、公社債投資信託及び公社債等運用投資信託(特定公社債等運用投資信託を除く。)の収益の分配並びに特定公社債等運用投資信託の受益権及び特定目的信託の社債的受益権に係る剰余金の配当	1	100,000 円	15,315 円	15,315 円
剰余金の配当(特定公社債等運用投資信託の受益権及び特定目的信託の社債的受益権に係るものを除く。)、利益の配当、剰余金の分配及び金銭の分配(みなし配当等を除く。)	2			
集団投資信託(合同運用信託、公社債投資信託及び公社債等運用投資信託(特定公社債等運用投資信託を除く。)を除く。)の収益の分配	3			
割引債の償還差益	4			
そ　の　他	5			
計	6	100,000	15,315	15,315

剰余金の配当(特定公社債等運用投資信託の受益権及び特定目的信託の社債的受益権に係るものを除く。)、利益の配当、剰余金の分配及び金銭の分配(みなし配当等を除く。)、集団投資信託(合同運用信託、公社債投資信託及び公社債等運用投資信託(特定公社債等運用投資信託を除く。)を除く。)の収益の分配又は割引債の償還差益に係る控除を受ける所得税額の計算

	銘　柄	収入金額	所得税額	配当等の計算期間	(9)のうち元本所有期間	所有期間割合 (10)/(9)(小数点以下3位未満切上げ) 11	控除を受ける所得税額 (8)×(11) 12
個別法による場合		7 円	8 円	9 月	10 月		円

	銘　柄	収入金額	所得税額	配当等の計算期末の所有元本数等	配当等の計算期首の所有元本数等	(15)-(16)/2又は12(マイナスの場合は0) 17	所有元本割合(16+17)/(15)(小数点以下3位未満切上げ)(1を超える場合は1) 18	控除を受ける所得税額(14)×(18) 19
銘柄別簡便法による場合		13 円	14 円	15	16			円

その他に係る控除を受ける所得税額の明細

支払者の氏名又は法人名	支払者の住所又は所在地	支払を受けた年月日	収入金額 20	控除を受ける所得税額 21	参　考
		・　・	円	円	
		・　・			
		・　・			
		・　・			
		・　・			
計					

著者プロフィール

浅見　透（あさみ　とおる）

　昭和34年生まれ。昭和57年4月に明治大学経営学部を卒業。平成元年9月から公認会計士辻会計事務所（辻・本郷税理士法人）にて勤務。平成4年2月に浅見会計事務所を開業。

　平成5年4月〜平成15年3月、学校法人川口学園の非常勤講師。平成17年4月から明治大学専門職大学院の兼任講師となり、平成30年より同大学経営学部の客員教授を務める。

はじめての法人税　　　　　　　　令和5年3月1日　初版発行

検印省略

 日本法令®

著　者　浅　　見　　　　透
発行者　青　　木　　健　　次
編集者　岩　　倉　　春　　光
印刷所　東　光　整　版　印　刷
製本所　国　　　宝　　　　社

〒101-0032
東京都千代田区岩本町1丁目2番19号
https://www.horei.co.jp/

（営　業）　TEL　03-6858-6967　　Eメール　syuppan@horei.co.jp
（通　販）　TEL　03-6858-6966　　Eメール　book.order@horei.co.jp
（編　集）　FAX　03-6858-6957　　Eメール　tankoubon@horei.co.jp

（オンラインショップ）https://www.horei.co.jp/iec/
（お 詫 び と 訂 正）https://www.horei.co.jp/book/owabi.shtml
（書籍の追加情報）https://www.horei.co.jp/book/osirasebook.shtml

※万一、本書の内容に誤記等が判明した場合には、上記「お詫びと訂正」に最新情報を掲載
しております。ホームページに掲載されていない内容につきましては、FAXまたはEメー
ルで編集までお問合せください。

税理士業務、企業実務に役立つ情報提供Webサービス

税理士情報サイト

Tax Accountant Information Site

https://www.horei.co.jp/zjs/

税理士情報サイトとは

「業務に役立つ情報を少しでも早く入手したい」
「業務で使える規定や書式を手軽にダウンロードしたい」
「日本法令の商品・セミナーを割引価格で利用したい」
などといった税理士の方のニーズにお応えする、
"信頼"と"実績"の総合Webサービスです。

日本法令

税理士情報サイトの

1 税理士業務書式文例集

税理士事務所の運営に必要な業務書式はもちろん、関与先企業の法人化の際に必要となる定款・議事録文例、就業規則等各種社内規程、その他税務署提出書式まで、約500種類の書式が、編集・入力が簡単なWord・Excel・Text形式で幅広く収録されています。

●主な収録書式
各種案内・挨拶文例／業務処理書式／決算処理書式／税務署提出書式／労務書式／身元保証書等書式／取締役会議事録／株主総会議事録／売買契約書文例／賃貸借・使用貸借契約書文例／金銭消費貸借契約書文例／税理士法人関係書式／会計参与関係書式 ほか多数

2 ビジネス書式・文例集

企業の実務に必要となる書式、官庁への各種申請・届出様式、ビジネス文書、契約書等、2,000以上の書式・文例をWEB上でダウンロードすることができます（Microsoft Word・Microsoft Excel・PDF形式）。

●主な収録書式
社内外で必要とされるビジネス文書約600文例／契約書約270文例／内容証明約470文例会社規定19文例／各種申請書約800書式

3 電子書籍の無料提供

税理士にとって日頃の情報収集は必要不可欠。そこで、税理士情報サイトの有料会員向けに、年間に数冊、日本法令発刊の税理士向け書籍のWEB版（PDFファイル形式）を無料提供します。

4 ビジネスガイドWEB版

会社の総務・経理・人事で必要となる企業実務をテーマとした雑誌「月刊ビジネスガイド」のWEB版を無料で購読できます。

お役立ちコンテンツ

5 税理士向け動画セミナー

無料会員向けの「セレクト動画」、有料会員向けの「プレミア動画」で、著名な税理士、弁護士、学者やその道のプロが、タイムリーなテーマを深く掘り下げてレクチャーします。いつでも時間が空いた時に視聴可能です。

6 税制改正情報ナビ

毎年度の税制改正に関する情報を整理し、詳しく解説します。税制改正に関する日々のニュース記事の配信と、日本法令刊『よくわかる税制改正と実務の徹底対策』WEB版、さらにはその著者による詳細な解説動画で、いち早く今年度改正の要点を押さえましょう！

7 税務判決・裁決例アーカイブ

税理士業務遂行上、さまざまな税務判断の場面で役立てたいのが過去の税務判決・裁決例。ただ、どの事例がどこにあるのか、探すのはなかなか一苦労だし、イチから読むのは時間がかかる…。そこで、このアーカイブでは「キーワード検索」と「サマリー」を駆使することで、参照したい判決・裁決例をピンポイントで探し出し、スピーディーに理解することが可能となります。

8 モデルフォーム集

税理士業務におけるチェック漏れによるミスを未然に防ぐため、さまざまな税務のチェック表、確認表、チェックリストほか、日常業務で活用できるオリジナルのモデルフォーマットを提示します。

9 弊社商品の割引販売

日本法令が制作・販売する書籍、雑誌、セミナー、DVD商品、様式などのすべての商品・サービスをZJS会員特別価格〈2割引き〉で購入できます。高額な商品ほど割引額が高く、お得です！

税理士情報サイト
Tax Accountant Information Site

会員限定無料動画シリーズ

大淵博義教授×三木義一教授
税務判例批評

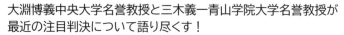

大淵博義中央大学名誉教授と三木義一青山学院大学名誉教授が
最近の注目判決について語り尽くす！

第4回　東京地裁令和4年2月25日
　　　　──商品先物取引に係る解決金の取得と更正の請求の是非
第5回　大阪地裁令和3年4月22日判決等
　　　　──こども達との土地の使用貸借と賃料収入の帰属
第6回　東京地裁令和2年3月26日判決等
　　　　──代表者1人の飲食費用の交際費否認と重加算税賦課

税理士情報サイトで、続々配信

税理士情報サイト　お申込みの手順

① WEBで「税理士情報サイト」を検索
② トップページ右上の「新規会員登録」
　をクリック
③ 「無料会員登録」or「有料会員登録」
　を選択

[無料会員登録]

④ 「個人情報方針」への「同意」をチェッ
　クして「申込ページ」へ。
⑤ お名前とメールアドレスを入力して、
　お申込み完了。
⑥ お申込みを確認後、ご登録いただいた
　メールアドレス宛に、「ログインID（会
　員番号）：弊社が設定した5ケタの半
　角数字」と「パスワード：お客様が設
　定した8文字以上の半角英数字」を
　ご連絡いたします。

[有料会員登録]

有料会員年会費　税込 **29,700** 円

④ 「個人情報方針」、「会員規約」
　「Japplic利用規約」への「同意」を
　チェックして「申込フォーム」へ。
⑤ 入会申込フォームに必要事項を入力
　お申込み。
⑥ お申込みを確認後、弊社から請求書
　郵便振込用紙（払込取扱票）をお送
　いたしますので、所定の年会費をお振
　り込みください。お振込みを確認後
　ご登録いただいたメールアドレス
　に、「ログインID（会員番号）：弊社
　が設定した5ケタの半角数字」と「パ
　スワード：お客様が設定した8文字以
　上の半角英数字」をご連絡いたします

日本法令　お問合せ

〒101-0032　東京都千代田区岩本町1-2-19
　　　　　　　株式会社日本法令　ZJS会員係
　　　　　　　電話：03-6858-6965 FAX：03-6858-6968
　　　　　　　Eメール：sjs-z@horei.co.jp